ZEITSCHRIFT FÜR MIKROELEKTRONIK · COMPUTERTECHNIK · INFORMATIK

MP

Heft 8 · 1989

Mikroprozessortechnik

VEB Verlag Technik Berlin
ISSN 0232-2892

Kopplung von UNIX-Rechnern

Portabel programmieren mit C

Diskrete Fouriertransformation

Maus und Turbo-Pascal

1 *Robotron-Plotter K 6416*

2 *Robotron-Schreibmaschine Erika S 6007*

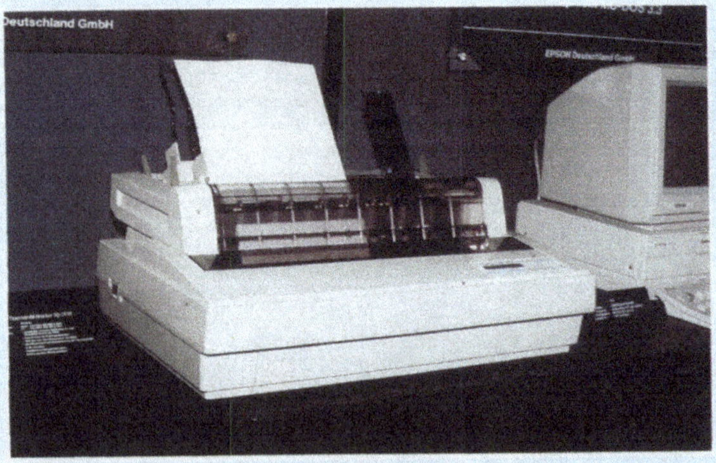

3 *Tintenstrahldrucker SQ 2550 von Epson*

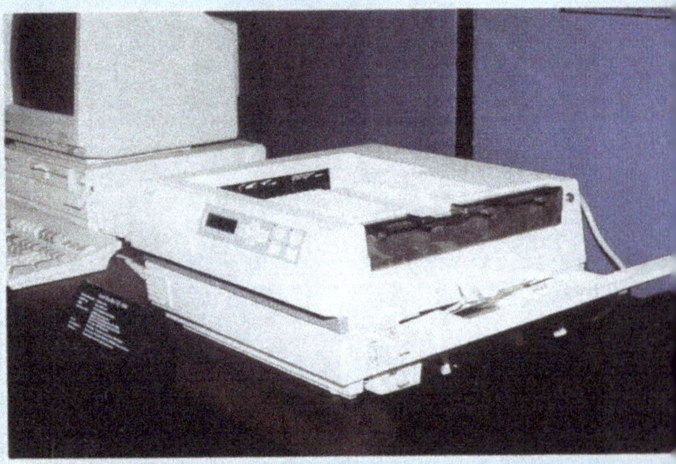

4 *Laserdrucker GQ 5000 von Epson*

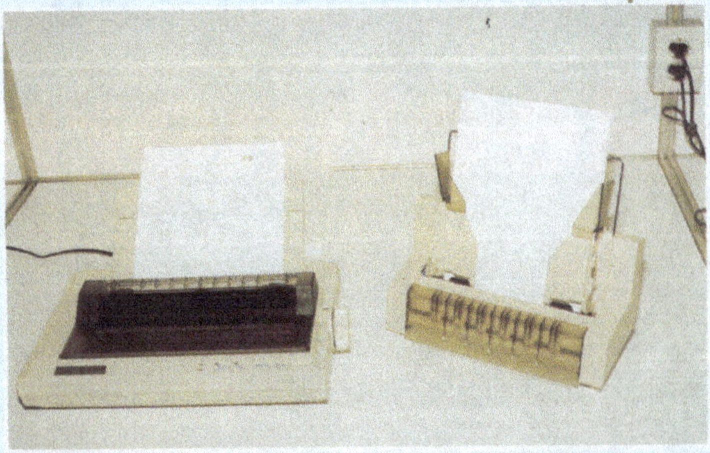

5 *Seikosha-Nadeldrucker SP 1600 AI*

6 *Festplattenlaufwerke von Seagate*

7 *Böwe-Computerarbeitsplatz mit Schneidautomat*

8 *5,25-Zoll-Floppybeistellgefäß von IBM*

Lesen Sie dazu unseren Bericht von der LFM '89

Umwelteinflüsse

durch den Betrieb von Bildschirmgeräten am Arbeitsplatz

Ist die Arbeit an Bildschirmarbeitsplätzen gefährlich?

Verschiedentlich haben Meldungen über Gefahren von Strahlen und schädlichen Gasen im Zusammenhang mit Computern die Öffentlichkeit verunsichert. Wir möchten an dieser Stelle über die technischen Grundlagen und wissenschaftlichen Erkenntnisse informieren und damit zu einer Versachlichung des Themas beitragen.

Was ist eigentlich Strahlung?

Strahlung ist die Ausbreitung von Energie. Wie Wellen auf einer Wasseroberfläche oder Schallwellen breitet sich auch elektromagnetische Strahlung überall aus. Charakterisiert wird Strahlung durch ihre Wellenlänge bzw. ihre Frequenz (je höher die Frequenz, desto kürzer die Wellenlänge) sowie durch die Intensität (Stärke der Strahlung).

Die Frequenz sagt aus, wie viele Schwingungen sich pro Sekunde wiederholen.. Beispielsweise Schallwellen, die das menschliche Ohr hören kann, liegen zwischen 16 und 20.000 Schwingungen pro Sekunde (Maßeinheit Hertz = Hz). Tiere hören auch noch höhere Töne.

Elektromagnetische Wellen sind ebenfalls Schwingungen und durchdringen unsere gesamte Welt: Der Wechselstrom aus der Steckdose „schwingt" mit 50 Hz, die Sendefrequenzen von Radiosendern mit einigen Millionen Hz. Radarwellen und Mikrowellen, wie sie zum Kochen oder für Satellitenfrequenzen genutzt werden, liegen bei Milliarden Schwingungen pro Sekunde. Nur einen winzigen Bereich dieser gesamten elektromagnetischen Strahlung können wir mit den Augen wahrnehmen: das sichtbare Licht.

Wie reagiert unser Körper auf Strahlung?

Elektromagnetische Strahlung erfüllt unsere ganze Welt. Radiowellen z.B. durchdringen nicht nur die Atmosphäre, sondern auch Häuserwände, Bäume und unsere Körper, ohne den geringsten Schaden anzurichten. Ob eine ganz bestimmte Strahlung einen Einfluß auf den menschlichen Organismus haben kann, hängt von ihrer Frequenz und Intensität ab. Langwelliges Licht wärmt uns angenehm (Infrarotlampe), kurzwelliges Sonnenlicht (UV-Licht) bräunt unsere Haut, Röntgenstrahlung kann unseren Körper gezielt durchdringen (medizinische Untersuchung) und kosmische Höhenstrahlung im Weltall ist gefährlich (vor ihr schützt uns übrigens die Ozonschicht der Erdatmosphäre).

Übersicht zum Frequenzspektrum elektromagnetischer Wellen

		Hz
	Statisches Feld	
Elektrolok		
Lampe		10^0
	Netzfrequenz	
	Tonfrequenz	10^2
Telefon		
	Wechselströme	
		10^4
	Langwellen	
Radio	Mittelwellen	10^6
	Kurzwellen	
Fernseher	Ultrakurzwellen	10^8
Radar	Mikrowellen	10^{10}
Wärmequellen		10^{12}
	Infrarote Strahlung	
Sonne	sichtbares Licht	10^{14}
	Ultraviolette Strahlung	10^{16}
Höhensonne		
	weich	10^{18}
Röntgengerät	Röntgenstrahlung	
	hart	10^{20}
Kern-physikalische Anlagen	Radioaktive Gammastrahlung	10^{22}
Kosmos	Kosmische Höhenstrahlung	10^{24}

TANDBERG DATA

Technologie mit Kultur

Umw
durch den Betrieb

Elektromagnetische Strahlung bei Computern

Das wichtigste Element eines Bildschirmgeräts (auch häufig Monitor genannt) ist die sogenannte Kathodenstrahlröhre. Genau wie in jedem Fernsehgerät wird hier ein feiner Elektronenstrahl erzeugt, welcher die Informationen auf die Innenseite der Röhre zeichnet. Von den Ablenkspulen der Bildröhre, die den Strahl steuern sowie der gesamten Hochfrequenztechnik eines Monitors gehen elektromagnetische Wellen aus. Diese werden genauso von Fernseh- und Rundfunkgeräten, drahtlosen Telefonen, Mikrowellenherden, CD-Playern und diversen anderen Geräten abgestrahlt.

Beim Auftreffen des Elektronenstrahls auf die Leuchtschicht der Bildröhre entsteht in winzigen Mengen Röntgenstrahlung. Diese sogenannte weiche Röntgenstrahlung durchdringt allerdings kaum das Glas der Bildröhre und ist kaum meßbar.

Um den Elektronenstrahl zu beschleunigen, wird in der Röhre eine hohe elektrische Spannung benötigt. Dies führt auch vor dem Monitor zu einem elektrostatischen Feld und zu einer Aufladung. Das Knistern beim Berühren eines Bildschirms und der angezogene Staub sind vom Fernseher vertraut.

Damit unkontrolliert abgestrahlte elektromagnetische Wellen nicht andere Geräte wie z. B. Radiosender oder den Funkverkehr stören, werden Sie abgeschirmt. Damit Strahlung den Menschen nicht gefährdet, werden vom Gesetzgeber zusammen mit Wissenschaftlern für alle Strahlenarten genaue Grenzwerte festgelegt, die für den menschlichen Organismus unbedenklich sind.

Grenzwerte

Für jegliche elektromagnetische Abstrahlung hat der Gesetzgeber Grenzwerte definiert, die eine Gefährdung des Benutzers ausschließen sollen. Eine „Gefährdung" ist dabei eine Möglichkeit einer Schädigung, die aber deshalb noch keine wirkliche Gefahr darzustellen braucht. Grenzwerte sind grundsätzlich so definiert, daß eine Gefahr nach aktueller wissenschaftlicher Kenntnis nicht besteht. Das Ziel der Sicherheitswissenschaftler ist es, einen „gefährdungsfreien Arbeitsplatz" sicherzustellen.

Zur Festsetzung von Grenzwerten untersucht die Wissenschaft jene Dosis, bei der keinerlei schädlicher Einfluß festgestellt werden kann. Von diesem Wert wird dann ein Sicherheitsfaktor 10 oder 100 berücksichtigt und für den Menschen beispielsweise ein Zehntel oder Hundertstel als Grenzwert festgeschrieben. Damit ist eine Gefährdung auszuschließen.

Was wurde bisher untersucht?

Bisher veröffentlichte Untersuchungen über Strahlung im Bereich von Bildschirmgeräten beschäftigen sich mit folgenden Fragen:

- Welche Strahlen mit welcher Dosis werden von den Geräten ausgesandt?
- Liegen die gemessenen Werte im Bereich der gesetzlichen Grenzwerte?
- Wirken sich Strahlen auf die Gesundheit von Lebewesen aus?

Was haben diese Untersuchungen ergeben?

Weltweit durchgeführte Untersuchungen haben die Dosis der elektromagnetischen Strahlung von Bildschirmgeräten erforscht. Die Ergebnisse liegen in allen Bereichen weit unter den gesetzlich vorgeschriebenen Werten.

Die theoretisch entstehende Röntgenstrahlung ist bei den meisten Geräten kaum nachzuweisen.

In Spanien und Schweden durchgeführte Untersuchungen über die Wirkung von magnetischen Wechselfeldern mit geringer Frequenz haben leichte – aber stark umstrittene – Effekte gezeigt, allerdings unter Anwendung weitaus höherer Dosisleistungen als solchen von Bildschirmgeräten. Diese Untersuchungen werden weitergeführt.

Elektrostatische Felder sind medizinisch unbedenklich und entsprechen in ihrer Wirkung der elektrischen Aufladung durch bestimmte Teppichböden (elektrischer Schlag) oder der Aufladung vor einem Gewitter. Sie können aber Staubteilchen entweder in Richtung auf den Monitor (Verschmutzung) oder auf den Benutzer (Hautreizung) beschleunigen und dabei zu einer Belästigung führen.

Fazit der Wissenschaftler

- Bisher hat keine Untersuchung eine Gefährdung des Menschen nachgewiesen.
- Strahlung jedweder Art, auch das lebenswichtige Licht, stellt bei zu hoher Dosis eine potentielle Gefahr dar, die unter Kontrolle gehalten werden muß.
- Vorbeugen ist besser als nachprüfen. Darum sollte das technisch mögliche getan werden, um jegliche Energieabstrahlung auf ein Minimum zu reduzieren.

nflüsse

dschirmgeräten am Arbeitsplatz

Reduzierung von Magnetfeldern durch „Aktive Kompensation"

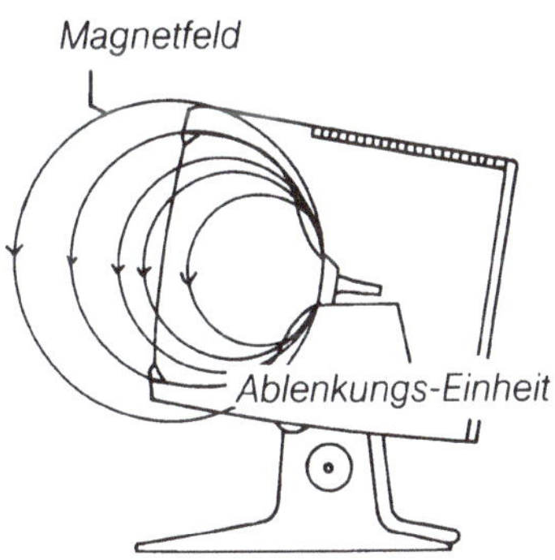

Magnetfeld ohne Kompensation

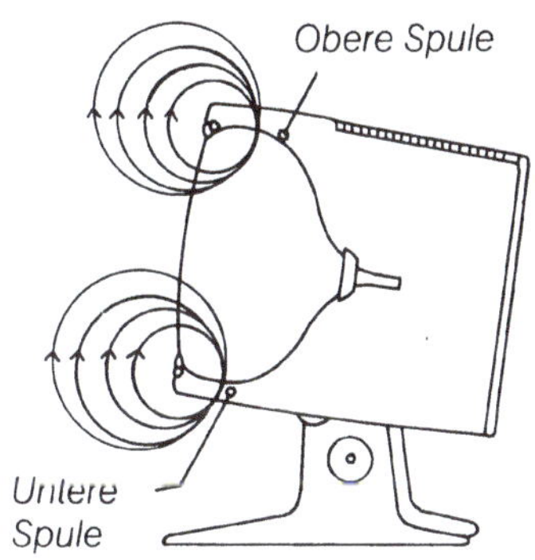

Kompensationsfelder

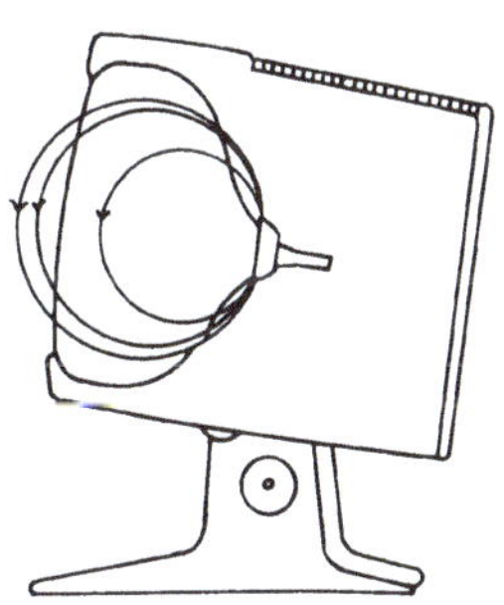

Resultierende Rest-Felder

Fazit von TANDBERG DATA

Grundsätzlich sollten alle Strahlungsquellen vermieden werden, unabhängig davon, ob aus Sicht der Wissenschaft eine Gefährdung erkennbar ist. Deshalb ist die Ausschaltung von Strahlung für die Konstrukteure von TANDBERG DATA bereits ein wichtiges Thema gewesen, lange bevor das Thema überhaupt öffentlich diskutiert wurde.

Jeder technisch Interessierte kann gerne ein Prüfprotokoll mit den detaillierten Meßwerten von TANDBERG DATA Terminals erhalten.

Durch aufwendige Konstruktion und spezielle technische Maßnahmen bedingt, unterschreiten Terminals von TANDBERG DATA alle gesetzlich vorgeschriebenen Grenzwerte deutlich.

Eine neuentwickelte Technik (reduced-radiation-kit) von TANDBERG DATA reduziert niederfrequente Magnetfelder bereits innerhalb des Bildschirmgerätes.

Durch eine spezielle Behandlung der Bildschirmoberfläche wird die elektrostatische Aufladung eliminiert, ohne daß zusätzliche Filter nötig sind.

Da die Wissenschaft jedoch ständig zu neuen Erkenntnissen kommt, sind die Ingenieure von TANDBERG DATA konsequent weiter darum bemüht, neuesten Erfahrungen entsprechend immer bessere technische Möglichkeiten zu erforschen und in die Entwicklung einfließen zu lassen.

Schädliche Gasentwicklung beim Betrieb von Terminals

Presse und Fernsehen haben über „giftige Ausgasungen beim Fernsehbetrieb" berichtet. Nachgewiesen wurden in einem Modellversuch giftige Substanzen wie polybromierte Dibenzofurane (PBDF), welche verschiedentlich als flammhemmendes Mittel beigemischt werden.

Unsere Antwort: Durch das Metallgehäuse bei den Terminals von TANDBERG DATA ist bereits ein ausreichender Flammschutz gewährleistet. Deshalb werden dem Kunststoff der Terminals weder PBDF noch andere bromierte Dioxine/Furane zugesetzt. Nur im Kunststoff der Leiterplatten sind bromierte Dioxine/Furane als Flammschutz enthalten. Diese werden aber erst ab Temperaturen von 200–300°C freigesetzt und kündigen sich durch eine Rauchentwicklung an.

Die Technik von TANDBERG DATA auf einen Blick

1. Elektromagnetische Abstrahlung wird durch aufwendige Abschirmung und ein Metallgehäuse reduziert und unterschreitet alle Grenzwerte.

2. Niederfrequente Magnetfelder werden durch eine zusätzliche Schaltung im Gerät bereits an der Stelle ihrer Entstehung reduziert.

3. Röntgenstrahlung kann durch Einsatz bestimmter Materialien und Verwendung einer speziellen Glassorte nicht nach außen dringen.

4. Elektrostatische Felder werden durch eine spezielle Behandlung der Bildschirmoberfläche vermieden.

5. Ein Metallgehäuse sorgt bereits für ausreichenden Flammschutz und erübrigt flammhemmende gesundheitsschädliche Zusatzstoffe im Kunststoff der Terminals.

Umwelteinflüsse
durch den Betrieb von Bildschirmgeräten am Arbeitsplatz

Strahlungsarten	Gesetzliche Grundlage	Grenzwerte Deutschland	Grenzwerte Schweden	Aktuelle Meßwerte TANDBERG DATA TDV 1200'er Serie + TDV 5200'er Serie
Elektrostatisches Feld	VDE 0848 Teil 2 E 8/86	40 kV/m	1 kV/m (0,3 m)	0 kV/m (0,3 m)
Niederfrequentes elektrisches Feld aus der Bildwiederholrate von 40–70 Hz	VDE 0848 Teil 2 E 8/86	40 kV/m	50 V/m	–
Niederfrequentes elektrisches Feld aus der Zeilenfrequenz 14–70 kHz	VDE 0871 (ab 10 kHz)	2.000 V/m nach Kl. A 50 V/m nach Kl. B	50 V/m	< 50 V/m
Änderung des elektromagnetischen Feldes pro Sekunde in den 3 Raumrichtungen	VDE 0848 Teil 2 E 8/86	frequenzabhängig zw. 60.000 –1.900.000 mT	0-25 mT/s	2,5 mT/s
Röntgenstrahlung aus der Bildröhre	RöV § 5	≦ 1 μ Sv/h in 10 cm Abstand	5000 nGy/h	30 nGy/h

Abkürzungen:
T = Tesla (Magnetische Flußdichte)
μSv/h = Ortsdosisleistung der Röntgenstrahlung nach RöV (Röntgenverordnung)
Gy = wie μ Sv/h (Gray, Energiedosis für Röntgenstrahlung, schwedische Maßeinheit)
kV/m = Kilo-Volt/meter

Gesetzliche Grundlagen in der Bundesrepublik Deutschland:

VDE 0848 Teil 2 Ergänzung vom 8/86	Schutz von Personen im Frequenzbereich von 0 Hz bis 3.000 GHz
VDE 0871	Funkentstörung von Hochfrequenzgeräten
RöV	Röntgenverordnung

Zum Nachlesen:

Bernhard, J.
Strahlengefahren durch Bildschirmarbeit?
Bundesgesundheitsamt 1986

Boikat, U.
Entwicklung und Festsetzung von Normen für Belastung am Arbeitsplatz, am Beispiel der Strahlenbelastung an Bildschirmarbeitsplätzen
Universität Bielefeld 1979

Boikat, U.,
Bildschirmarbeit. Stand der Forschung über mögliche gesundheitliche Auswirkungen durch Strahlen an Bildschirmarbeitsplätzen in Arbeitsrecht im Betrieb 1/1984

Buhmann, K.
Röntgenstrahlen an Bildschirmarbeitsplätzen medizinisch unbedenklich
Sicherheitsreport der VBG
Ausgabe 1/1983

Deutscher Gewerkschaftsbund
Dokumentation, Belastungen und Beanspruchungen durch Strahlen

DeMatteo, B.
Strahlengefahren an Bildschirmgeräten, zusammengestellt von der Gewerkschaft des öffentlichen Dienstes Kanada
IG Metall (Hrsg.) 1984

ohne Verfasser
Investigation of radiation emissions from video display terminals
Minister of National Health and Welfare Canada (Hrsg.) Ottawa 1982
(Kommentar in deutscher Sprache: Meyer, R. 1983

TANDBERG DATA GmbH
Feldstraße 81
4600 Dortmund 1
Telefon: 02 31/54 36-0
Telefax: 02 31/54 36-111
Ttx: 23 13 71 TADAD

Geschaftsstelle Dortmund
Feldstraße 81
4600 Dortmund 1
Telefon: 02 31/54 36-0
Telefax: 02 31/54 36-112
Ttx: 23 13 71 TADAD

TANDBERG DATA
Technologie mit Kultur

Geschaftsstelle Frankfurt
Berner Straße 51
6000 Frankfurt 56
Telefon: 0 69/5 07 61 16
Telefax: 0 69/5 07 71 74
Ttx: 69 90 715 TADAF

Geschäftsstelle Stuttgart
Zettachring 8
7000 Stuttgart 80
Telefon: 07 11/7 28 09 79
Telefax: 07 11/7 28 03 88
Ttx: 7 11 1696 TADAS

Zeitschrift für Mikroelektronik · Computertechnik · Informatik
3. Jahrgang · ISSN 0232–2892

Mikroprozessortechnik, Heft 8 · 89

Herausgeber Kammer der Technik, Fachverband Elektrotechnik

Verlag VEB Verlag Technik, Oranienburger Str. 13/14, DDR – 1020 Berlin; Telegrammadresse: Technikverlag Berlin; Telefon: 28700, Telex: 011 2228 techn dd

Verlagsdirektor Klaus Hieronimus

Redaktion Hans Weiß, Verantwortlicher Redakteur (Tel. 2870371); Redakteure: Herbert Hemke (Tel. 2870203), Hans-Joachim Hill (Tel. 2870209); Sekretariat Tel. 2870381

Gestaltung Christina Bauer

Titelfoto Hans Weiß

Beirat Dr. Ludwig Claßen, Dr. Heinz Florin, Prof. Dr. sc. Rolf Giesecke, Joachim Hahne, Prof. Dr. sc. Dieter Hammer, Prof. Dr. sc. Thomas Horn, Prof. Dr. Albert Jugel, Prof. Dr. Bernd Junghans, Dr. Dietmar Keller, Prof. Dr. sc. Gernot Meyer, Prof. Dr. sc. Bernd-Georg Münzer, Prof. Dr. sc. Peter Neubert, Prof. Dr. sc. Rudolf Arthur Pose, Prof. Dr. sc. Dr. Michael Roth (Vorsitzender), Dr. Gerhard Schulze, Prof. Dr. sc. Manfred Seifart, Dr. Dieter Simon, Dr. Rolf Wätzig, Prof. Dr. sc. Dr. Jürgen Zaremba

Lizenz-Nr. 1710 des Presseamtes beim Vorsitzenden des Ministerrates der Deutschen Demokratischen Republik

Gesamtherstellung Druckerei Märkische Volksstimme Potsdam

Erfüllungsort und Gerichtsstand Berlin-Mitte. Der Verlag behält sich alle Rechte an den von ihm veröffentlichten Aufsätzen und Abbildungen, auch das der Übersetzung in fremde Sprachen, vor. Auszüge, Referate und Besprechungen sind nur mit voller Quellenangabe zulässig.

Redaktionsschluß 14. Juni 1989

AN (EDV) 49837

Erscheinungsweise monatlich 1 Heft

Heftpreis 5,– M, Abonnementspreis vierteljährlich 15,– M; Auslandspreise sind den Zeitschriftenkatalogen des Außenhandelsbetriebes BUCHEXPORT zu entnehmen.

Bezugsmöglichkeiten
DDR: sämtliche Postämter; *SVR Albanien:* Direktorije Quendrore e Perhapjes dhe Propaganditit te Librit Rruga Konference e Pezes, Tirana; *VR Bulgarien:* Direkzia R.E.P., 11a, Rue Paris, Sofia; *VR China:* China National Publications Import and Export Corporation, West Europe Department, P.O. Box 88, Beijing; *ČSSR:* PNS – Ustřední Expedicia a Dovoz Tisku Praha, Slezská 11, 120 00 Praha 2, PNS, Ústredna Expedicia a Dovoz Tlače, Pošta 022, 885 47 Bratislava; *SFR Jugoslawien:* Jugoslovenska Knjiga, Terazija 27, Beograd; Izdavačko Knjižarsko Produzeće MLADOST, Ilica 30, Zagreb; *Koreanische DVR:* CHULPANMUL Korea Publications Export & Import Corporation, Pyongyang; *Republik Kuba:* Empresa de Comercio Exterior de Publicaciones, O'Reilly No. 407, Ciudad Habana; *VR Polen:* C.K.P.i.W. Ruch, Towarowa 28, 00-958 Warszawa; *SR Rumänien:* D.E.P. Bucureşti, Piaţa Scînteii, Bucureşti; *UdSSR:* Sämtliche Abteilungen von Sojuzpečat' oder Postämter und Postkontore; *Ungarische VR:* P.K.H.I., Külföldi Elöfizetési Osztály, P.O. Box 16, 1426 Budapest; *SR Vietnam:* XUNHASABA, 32, Hai Ba Trung, Há Nôi; *BRD und Berlin (West):* ESKABE Kommissions-Grossobuchhandlung, Postfach 36, 8222 Ruhpolding/Obb.; Helios-Literatur-Vertriebs-GmbH, Eichborndamm 141–167, Berlin (West) 52; Kunst und Wissen Erich Bieber OHG, Postfach 46, 7000 Stuttgart 1; Gebrüder Petermann, BUCH + ZEITUNG INTERNATIONAL, Kurfürstenstraße 111, Berlin (West) 30; *Österreich:* Helios-Literatur-Vertriebs-GmbH & Co. KG, Industriestraße B 13, 2345 Brunn am Gebirge; *Schweiz:* Verlagsauslieferung Wissenschaft der Freihofer AG, Weinbergstr. 109, 8033 Zürich; *Alle anderen Länder:* örtlicher Fachbuchhandel; BUCHEXPORT Volkseigener Außenhandelsbetrieb der Deutschen Demokratischen Republik, Postfach 160, DDR – 7010 Leipzig und Leipzig Book Service, Talstraße 29, DDR – 7010 Leipzig

Zum Titelblid

In der DDR stehen sowohl für verschiede 16- und 32-Bit-Rechner als auch für ESER-Rechner UNIX-kompatible Betriebssysteme zur Verfügung. Für die Kopplung dieser Rechner können Sie zwischen zwei Möglichkeiten wählen. Entweder Sie machen es so wie auf unserem Titelbild, oder Sie entschließen sich, unseren Beitrag „Kopplung von UNIX-Rechnern" auf der **Seite 227** zu lesen. Zwar ist die erste Methode schneller, dennoch empfehlen wir die zweite.

Mit dem Beitrag „Maus-Anwendung in Turbo-Pascal" auf der **Seite 232** stellen wir Ihnen Prozeduren vor, die in Turbo-Pascal-Anwenderprogramme eingebunden werden können. Damit wird dem Nutzer dieser Programme die komfortable Mausanwendung ermöglicht.

Nachdem wir im ersten Teil unseres Berichtes von der LFM '89 (in MP 7/1989) über CAD/CAM-Technik und -Anwendungen und über Computertechnik berichteten, befaßt sich der zweite und abschließende Teil auf der **Seite 253** mit peripherer Hardware, Bauelementen und Software.

Vorschau

Für das Heft 9/1989 bereiten wir für Sie Beiträge zu folgenden Themen vor:

- Datenanalyse mit dynamischer Grafik
- Heap-Nutzung unter Turbo-Pascal
- Kursormanipulation

Inhalt

Schlüsseltechnologien auf Moskauer Ausstellung

Eine internationale Ausstellung „Rechentechnik und Informatik" sozialistischer Länder war im Mai und Juni in Moskau zu sehen. Auf dem Gelände der Volkswirtschaftsausstellung zeigten Betriebe, Kombinate und Vereinigungen aus Bulgarien, der ČSSR, der DDR, Kuba, Polen, Rumänien, der UdSSR und Ungarn neueste Erzeugnisse auf dem Gebiet von Rechentechnik und Informatik. Der Tag der DDR wurde am 2. Juni begangen. Höhepunkt war die Unterzeichnung eines Vertrages zwischen den Außenhandelsbetrieben Robotron Export-Import und Elektronorgtechnika über Lieferungen von Robotron-Rechentechnik im kommenden Jahr für mehr als 100 Millionen Rubel.

Im Pavillon 2 auf dem Gelände der Volkswirtschaftsausstellung konnten sich die Besucher am DDR-Stand mit der Leistungskraft des VEB Kombinat Robotron vertraut machen. Besonderes Interesse fanden der 32-Bit-Rechner und das Demonstrationszentrum über den ersten gemeinsamen Software-Betrieb der DDR und der UdSSR „Zentron" in Kalinin. *ADN*

100. ICA-Rechner aus dem EAB

Pünktlich zur Kommunalwahl lösten die Werktätigen des VEB Elektroprojekt und Anlagenbau Berlin (EAB) eine für die Volkswirtschaft bedeutende Verpflichtung ein: Am 5. Mai wurde der 100. Industriecomputer fertiggestellt und in den 48-Stunden-Test im Prüffeld überführt.

Der 16-Bit-Rechner ICA 700 ist gegen rauhe Produktionsbedingungen wie Hitze, Staub und Vibration besonders geschützt. Die ersten Gerätesysteme sind in der Republik im Einsatz. Sie verhelfen zum Beispiel dem Werkzeugmaschinen-Kombinat „Fritz Heckert" Karl-Marx-Stadt, dem Schwermaschinenbaukombinat „Ernst Thälmann" Magdeburg, den Uhrenwerken Ruhla und dem VEB Schiffselektronik Rostock zur Automatisierung der Fertigung. Den Beschäftigten im EAB ist es zu danken, daß im Mai die Serienproduktion begann und bis Jahresende 300 weitere Computer ausgeliefert werden. 1990 soll sich die Produktion durch Ausbau und Verbesserung der Technologie verdoppeln. *ADN*

Fertigungskapazitäten für „dekotronik" werden ausgebaut

Das im Rationalisierungsmittelbau des Kombinats Deko entwickelte und gebaute Erfassungssystem für Prozeßdaten „dekotronik" bewährt sich bereits in mehr als 100 Betrieben. Besonderen Anteil daran hat der VEB Ingenieurbüro und Rationalisierung Plauen. Wie Direktor Lothar Bühring informierte, fertigt der Kombinatsbetrieb in diesem Jahr „dekotronik"-Erzeugnisse im Wert von vier Millionen Mark. Als mikroelektronisches Zentrum des Kombinates Deko werde er weiter ausgebaut und profiliert. Zu den 800 Webmaschinen, die bereits mit „dekotronik"-Anlagen ausgerüstet sind, kommen weitere hinzu. Gegenwärtig werden 23 Wellenfachwebmaschinen im VEB Vowetex Plauen damit ausgestattet. Auch die Kombinate Baumwolle – hier wurden 300 Webmaschinen mit „dekotronik" modernisiert –, Technische Textilien, Trikotagen und das ESDA-Strumpfkombinat setzen verstärkt auf diese elektronische Erfassung von Daten zur rationellen Gestaltung von Produktionsprozessen. Damit werde, so Lothar Bühring, eine effektive Flächenwirkung erreicht. Jetzt richte sich die Aufmerksamkeit auf Aufgaben zur flexiblen Automatisierung ganzer Produktionsprozesse. *ADN*

Interessengemeinschaft Rechentechnik gegründet

Die effektive Auslastung von Bürocomputern und das Nachnutzen vorhandener Programme ist das Ziel einer jetzt im Kreis Sternberg gegründeten Interessengemeinschaft Rechentechnik. Spezialisten aus neun Betrieben finden sich zu diesem Zweck regelmäßig zusammen. Erstes konkretes Ziel ist die Erarbeitung eines Programms zur Materialwirtschaft, das die Betriebe auch auf verschiedenen Computertypen anwenden können.

Basis für die Gründung der Interessengemeinschaft war eine gute Bilanz der seit 1987 bestehenden Kooperationsgemeinschaft „Rationalisierungshilfe". Im Vorjahr schufen die sieben daran beteiligten Partner Rationalisierungsmittel im Wert von 600 000 Mark. *ADN*

Computer- und Softwaremesse in Wien

Neue Entwicklungen im Bereich der Büro- und Kommunikationstechnik wurden auf der 20. IFABO-Fachmesse und der angeschlossenen Software-Messe PROGRAMMA präsentiert, die Ende April für fünf Tage ihre Tore in Wien öffneten. Mit 565 Direktausstellern aus elf Ländern, die auf fast 50 000 Quadratmetern Fläche insgesamt 1 364 Firmen aus 31 Ländern vertraten, verzeichnete die Exposition einen Teilnahmerekord. Am Stand des DDR-Außenhandelsbetriebes Robotron Export-Import wurden elektronische Schreibmaschinen, Zeichentechnik, Software und der 16-Bit-Personalcomputer EC 1834 gezeigt. Das gewachsene Interesse an dieser Messe entspricht der zunehmenden Bedeutung der Informatik-Industrie für die österreichische Wirtschaft. Der Umsatz von Produkten und Dienstleistungen dieser Branche, in der mehr als 60 000 Beschäftigte arbeiten, erreichte im vergangenen Jahr über 30 Milliarden Schilling. Das sind zwei Prozent des Bruttoinlandsproduktes. Mit 74 Prozent ist der Anteil österreichischer Wertschöpfung bei Software besonders hoch. *ADN*

Schweriner Softwaremesse

50 ausgewählte Programme, vorrangig für Arbeitsplatz- und Personalcomputer, wurden Anfang Mai auf der zweiten Schweriner Softwaremesse zur Nachnutzung angeboten. Die Veranstalter – der Bezirksverband Schwerin der Kammer der Technik, die Bezirksfachsektion Rechnergestützte Arbeit/Mikroelektronik und die Betriebssektion des Datenverarbeitungszentrums Schwerin – übergaben den rund 400 Interessenten einen übersichtlichen Softwarekatalog. Darin offerierten 16 Betriebe und Einrichtungen Schwerins und anderer Bezirke nachnutzbare Rationalisierungslösungen zum Beispiel für Projektierung und Materialwirtschaft. Sie waren in Fachvorträgen erläutert und anschließend an 13 Arbeitsstationen vorgeführt worden.

Das Datenverarbeitungszentrum Schwerin stellte zum Beispiel ein System vor, das Büro- und Personalcomputern den Zugriff zu ESER-Datenbanken erlaubt. Potentielle Nachnutzer konnten auf der Messe Disketten sofort überspielen. Zudem bestand die Möglichkeit, Hardware zu tauschen. *ADN*

USA drohen Japan mit „neuem Herangehen" an bilateralen Handel

Die USA haben Japan vorgeworfen, das 1986 zwischen beiden Staaten abgeschlossene Abkommen über den Handel mit Halbleitern nicht einzuhalten. Dieses sieht vor, daß amerikanischen Firmen bis 1991 ein Anteil von 20 Prozent am japanischen Chip-Markt eingeräumt wird. Wie die US-Handelsbeauftragte C. Hills vor dem Finanzausschuß des Senats erklärte, sei der vor drei Jahren 8,5 Prozent betragende US-Anteil durch mangelndes japanisches Entgegenkommen bis jetzt nur auf 10,7 Prozent gestiegen. Jetzt würden die USA ein neues Herangehen an den Handel mit Japan erwägen.

Um den im vergangenen Jahr 52 Milliarden Dollar betragenden amerikanischen Importüberschuß – das sind 44 Prozent des gesamten USA-Außenhandelsdefizits – abzubauen, solle Japan künftig feste Vorgaben für Einkäufe in den Vereinigten Staaten erhalten. Die Politikerin gestand ein, daß das eine vollkommene Abkehr von der bisher von der Administration propagierten „Freihandelspolitik" darstellt. *ADN*

Neue Runde im „Chip-Krieg" Japan – USA

Japan geht im „Chip-Krieg" mit den USA in die Offensive. Ende April wurde von der Regierung in Tokio der Bann über ein bisher streng vertrauliches Papier aufgehoben, das die Vereinigten Staaten als ihre schärfste Waffe in dem seit Jahren latenten Streit um Anteile auf dem japanischen Halbleitermarkt benutzen. Die Nachrichtenagentur Kyodo veröffentlichte den Wortlaut eines detaillierten Dokumentes aus dem Jahre 1986, das damals dem recht allgemein gehaltenen bilateralen Chip-Abkommen beigefügt wurde und aus dem die USA-Halbleiterindustrie seither ableitet, ab 1990 ein Recht auf 20 Prozent des japanischen Marktes zu haben.

Mit der Veröffentlichung des Dokumentes – geschrieben vom Botschafter Japans in Washington an den damaligen Handelsbeauftragten Yeutter – weist das Ministerium für Internationalen Handel und Industrie in Tokio diese Absicht der USA als Wunschdenken zurück. Zwar schreibe der Diplomat, daß Japans Regierung eine Verdopplung des USA-Anteils am Chip-Markt für „realisierbar und wünschenswert" halte, aber verpflichtet habe man sich zu überhaupt nichts.

Ob sich Marktanteile sichern lassen, hänge von der technologischen Kraft der Anbieter, deren Verkaufsstrategie und Preisen sowie dem eingesetzten Kapital ab und nicht von politisch motivierten Forderungen, argumentiert das Ministerium. Das offizielle Tokio reagiert damit zum ersten Mal deutlich auf die Versuche amerikanischer Elektronikkonzerne, eine Verdopplung des Marktanteils in Japan von derzeit etwa zehn Prozent durch weitere Handelsrestriktionen seitens der USA-Regierung gegen japanische Waren durchzusetzen. Bereits 1987 hatte Washington zur Abwehr japanischer Konkurrenz Schutzzölle gegen elektronische Produkte des fernöstlichen Industriestaates eingeführt. Auch wenn diese protektionistische Maßnahme später gelockert wurde, entsteht den Japanern daraus noch heute ein Schaden von jährlich 165 Millionen Dollar.

Japans Elektronikriesen haben in den letzten Jahren ihre Kapazitäten derart schnell erweitert, daß sie nicht nur den Binnenmarkt zu 88 Prozent selbst abdecken, sondern darüber hinaus in großem Umfange hochintegrierte Schaltkreise exportieren. *ADN – Köhler*

Siemens und Iskra gründen Joint-Venture

Der jugoslawische Elektrokonzern Iskra und die Siemens AG haben im Mai in Ljubljana einen Vertrag zur Gründung eines Joint-Ventures geschlossen, an dem Siemens zu 48 Prozent und Iskra zu 52 Prozent beteiligt sein werden. Für Siemens hat Vorstandsmitglied Erwin Hardt, für Iskra deren Präsident Franc Sifković unterzeichnet. Das neue Unternehmen firmiert unter dem Namen Iskratel.

Das Joint-Venture hat die Aufgabe, das öffentliche Fernsprech-Vermittlungssystem EWSD von Siemens in Jugoslawien einzuführen. In die Kooperation wird außerdem das von Iskra entwickelte Vermittlungssystem SI 2000 eingebracht, das für kleine bis mittlere Anlagen konzipiert ist. Dieses System wird auch als Nebenstellenanlage eingesetzt. Mit beiden Vermittlungssystemen soll das jugoslawische Fernsprechnetz weiter digitalisiert und ausgebaut werden. Es ist darüber hinaus der Export beider Systeme in andere Länder vorgesehen. *MP*

Kopplung von UNIX-Rechnern

Detlef Gierth
Kombinat VEB Elektro-Apparate-Werke „Friedrich Ebert" Berlin-Treptow
Zentrum für Forschung und Technologie
Uwe Inhoff
VEB Robotron-Projekt Dresden

Einführung

Mit MUTOS, WEGA und VMX wird für alle in der DDR produzierten 16- und 32-Bit-Rechner sowie für ESER-Rechner eine weitgehend einheitliche Betriebssystemumgebung bereitgestellt, die die durch UNIX standardisierten Schnittstellen realisiert. Der Leistungsumfang dieses Betriebssystems ist in /1/ und /2/ beschrieben.
Mit der schnellen Verbreitung dieses Systems entsteht auch die Forderung nach Kopplung der verschiedenen Rechner, auf denen diese Betriebssysteme laufen. Diese Forderung basiert auf folgenden Punkten:
① Es muß der Zugriff auf gemeinsam geführte Dateien und Datenbestände ermöglicht werden.
② Der Zugriff auf teure Peripherie (z. B. schnelle Drucker, Plotter, ...) soll auch von anderen Anlagen möglich sein.
③ Der Datenaustausch mit transportablen Datenträgern (z. B. Disketten) nimmt viel Zeit in Anspruch, und an den verschiedenen Geräten werden nicht immer die gleichen Datenträger unterstützt.
Aufgrund der Kompatibilität der Betriebssysteme ist ein Datenaustausch zwischen verschiedenen Rechnern problemlos möglich. Eine für den Nutzer leicht zu handhabende Lösung der Online-Kopplung, die aber gleichzeitig eine sehr hohe Datensicherheit gewährleistet, bietet das Programmpaket UUCP /3/, /4/.
Eine ausführliche Beschreibung zur Bedienung, Funktionsweise und Implementierung von UUCP ist in der Dokumentation der UUCP-Komponente für das jeweilige Betriebssystem enthalten. Im folgenden werden die Besonderheiten beschrieben, die bei der Kopplung von Rechnern verschiedenen Typs zu beachten sind. Der vorliegende Beitrag soll Anwendern, die sich mit Hilfe der entsprechenden Dokumentation bereits mit dem Programmpaket UUCP bekannt gemacht haben, helfen, heterogene Rechnernetze aufzubauen.

Das Programmpaket UUCP

UUCP ermöglicht den Zusammenschluß von verschiedenen Rechnern mit einem UNIX-kompatiblen Betriebssystem zu einem Netz. In diesem Netz ist die in der Handhabung vom Rechnertyp unabhängige, gesicherte Übertragung beliebiger Dateien sowie die entfernte Abarbeitung von Kommandos möglich.
Zur Zeit können folgende Rechner mit UUCP vernetzt werden:

Rechnertyp	Betriebssystem
K 1840	MUTOS 1800
K 1630	MUTOS 1630
P 8000	WEGA
A 7100/7150	MUTOS 1700
EC 1834	MUTOS 1834

Für den Anschluß an das Netz wird keine spezielle Hardware benötigt. Die Kopplung erfolgt über Terminalschnittstellen, die auch zur Bedienung der lokalen Terminals benutzt werden. Daraus resultieren die für die Kopplung benutzbaren Übertragungsstrecken, die in Tafel 1 aufgeführt sind.

Tafel 1 ***Mögliche Koppelstrecken für UUCP***

Interface	Übertragungsgeschwindigkeit (in Baud)	Übertragungsentfernung
IFFS	maximal 9600	bis 500 m
V.24 direkt	maximal 9600	bis 15 m
V.24 mit Datennahübertragungseinrichtung (DNÜ K 8172) (Vierdraht)	1200 . . . 9600	bis 30 km . . . bis 10 km
V.24 mit Modem	maximal 2400	unbegrenzt

Alle Rechner des Netzes sind berechtigt, zu jedem beliebigen Zeitpunkt eine Verbindung zu einem oder mehreren Partnern aufzubauen. Der Datenaustausch kann dabei zwischen miteinander direkt verbundenen Rechnern sowie über Netzknoten hinweg erfolgen.

Kopplung von Rechnern verschiedenen Typs

Die UUCP-Implementierungen auf den verschiedenen Rechnern sind hinsichtlich des Übertragungsprotokolls und des Nutzerinfaces zueinander kompatibel. Für den Nutzer von UUCP ist die Handhabung unabhängig vom Typ des Partnerrechners.
Unterschiede zwischen den verschiedenen Rechnern bestehen in der konkreten Ausführung des physischen Leitungsanschlusses und in der Codierung des Anfangszeichens für den Anmeldevorgang am System. Diese Unterschiede müssen beim Konfigurieren eines Netzes beachtet werden, haben aber für die spätere Nutzung keine Auswirkungen.

Physische Verbindung

IFSS-Verbindung

Mit der stromgesteuerten, seriellen Schnittstelle IFSS können Entfernungen von bis zu 500 m überbrückt werden. Folgende Leitungen werden für die IFSS-Verbindung benötigt:
- Sendedaten – (SD–)
- Sendedaten + (SD+)
- Empfangsdaten – (ED–)
- Empfangsdaten + (ED+)

Die Leitungen zweier Rechner sind folgendermaßen zu verbinden:
SD– ——— ED+
SD+ ——— ED–
ED– ——— SD+
ED+ ——— SD–
In Tafel 2 sind die Steckerbelegungen für aktive Sender und passive Empfänger dargestellt.

V.24-Direktverbindung
Die spannungsgesteuerte, serielle Schnittstelle V.24 läßt Entfernungen bis ca. 15 m zu. Für die Kopplung von Rechnern über ein Direktverbindungskabel werden folgende Leitungen der V.24-Schnittstelle benötigt:

	Bezeichnung nach CCITT
Betriebserde (SG)	102
Empfangsdaten (R × D)	103
Sendedaten (T × D)	104

Die Leitung *Empfangsdaten* des einen Rechners ist mit der Leitung *Sendedaten* des anderen Rechners zu verbinden. Der Schirm ist einseitig an die Betriebserde anzuschließen.

Verbindung mit Datenübertragungstechnik
Zur Überbrückung größerer Entfernungen müssen in die Übertragungsstrecke Datenübertragungseinrichtungen (DÜE) eingeschaltet werden. In Tafel 1 sind die damit möglichen Übertragungsentfernungen und -geschwindigkeiten aufgeführt.
Bei der Auswahl der Übertragungseinrichtungen ist zu beachten, daß die Übertragung ausschließlich asynchron und im Duplexbetrieb erfolgt. Dementsprechend werden auch nur die für den Asynchron-Duplexmodus benötigten Steuer- und Meldeleitungen der V.24-Schnittstelle bedient.
Alle in Tafel 4 enthaltenen Rechnertypen

Tafel 2 ***Steckerbelegungen der IFSS-Verbindung***

	A 7100/7150 und K 1840	K 1630	EC 1834	P 8000
Stecker	Cannon 25polig	EFS 5polig	Cannon 15polig	Cannon 25polig
Pinbelegung	ED+ – 14 ED– – 13 SD+ – 19 SD– – 10 Schirm – 1	ED+ – A3 ED– – B4 SD+ – B2 SD– – A1 Schirm – A5	ED+ – 12 ED– – 15 SD+ – 9 SD– – 10 Schirm – 1	ED+ – 13 ED– – 14 SD+ – 10 SD– – 19 Schirm – 7 Brücke 7–9 innerhalb des Steckers
Bemerkungen		Kanal 1A nicht benutzen (bei Standardeinstellung im Taktverteilungsfeld ist Übertragungstakt fest)		Ab Versionsnummer V.43 xx (Produktionsbeginn 3/89): ED+ – 14 ED– – 13 SD+ – 19 SD– – 7 Schirm –7 Brücken: 12–10 9– 7

Tafel 3 ***Steckerbelegungen der V.24-Direktverbindungen***

	A 7100/7150 und K 1840	K 1630	EC 1834	P 8000
Stecker	Cannon 25polig	EFS 26polig für 2 Kanäle	Cannon 15polig	Cannon 25polig
Pinbelegung	R × D – 3 T × D – 2 SG – 7	R × D – B04 T × D – A03 SG – A01 für Kanal A	R × D – 3 T × D – 2 SG – 7	R × D – 2 T × D – 3 SG – 7
Bemerkung	Erfolgt beim K 1840 eine V.24 Direktverbindung über einen für Modembetrieb vorgesehenen AMF-Kanal, muß im Stecker die Nullmodemfunktion realisiert werden.	Kanal 2A benutzen; Takt T2 statt T2H einspeisen (Brücke X1701 – X1705)		ab Versionsnummer V.43xx: R × D –3 T × D – 2 SG –7

können mittels Datenübertragungstechnik miteinander gekoppelt werden. Der Umfang der Schnittstellensteuerung ist jedoch von Rechner zu Rechner verschieden. Eine vollständige Modemsteuerung mit Überwachung der Meldeleitungen der DÜE existiert nur für den K 1840. Bei den Rechnern A 7100/7150 und EC 1834 ist ein automatisches Bereitmachen der DÜE (innerhalb der Funktion open) enthalten. Die Meldeleitungen werden jedoch nicht ausgewertet. Am K 1630 werden die Steuerleitungen nicht bedient. Dort muß die Bereitschaft der DÜE mittels einer Brücke im Steckverbinder (siehe Tafel 4) fest eingestellt werden.

Diese Unterschiede in der Bedienung der Schnittstellenleitungen haben jedoch keinen Einfluß auf die Nutzung der Kopplung. Selbst bei Nichtbeachtung der Meldeleitungen der DÜE gewährleistet das in UUCP enthaltene Datensicherungsprotokoll eine gesicherte Übertragung der Daten.

Logische Netzkonfiguration

Eine Beschreibung der aktuellen Konfiguration des Netzes ist an jedem Rechner in einigen von UUCP genutzten Dateien (L.sys, USERFILE, SQFILE) abgelegt. Diese Dateien haben Textformat und müssen bei der Installierung von UUCP eingerichtet werden. Ausführliche Beschreibungen dieser Dateien sind in den UUCP-Dokumentationen für die einzelnen Betriebssysteme enthalten.

Bei der Kopplung von Rechnern verschiedenen Typs ist die unterschiedliche Codierung des Anfangszeichens zum Anmelden am System sowie die möglicherweise andere Übertragungsgeschwindigkeit zu beachten. Das Format der oben erwähnten Konfigurationsdateien ist für alle UUCP-Systeme gleich. Der einzige Unterschied besteht in der Darstellungsart des Anfangszeichens zum Anmelden am Partnerrechner.

In Tafel 5 sind Beispiele für die Einträge in der Datei L.sys aufgeführt, die diese Darstellungsarten demonstrieren. Als Namen für die Partnersysteme wurden hier die Bezeichnungen der einzelnen Rechnertypen gewählt. Die Einträge für die Rechner A 7100/7150, K 1630 und EC 1834 sind identisch und deshalb nur einmal aufgeführt.

Die Zeichen ^D und ^Z wurden hier für die Darstellung der Codierung 004 bzw. 032 (oktal) benutzt.

Im Betriebssystem WEGA muß jeder Nutzereintrag in der Paßwortdatei ein Paßwort enthalten (auch der Eintrag für UUCP). In den MUTOS-Systemen ist die Spezifikation eines Paßwortes optional.

Kopplung von MUTOS/WEGA mit anderen UNIX-kompatiblen Systemen

Mit Hilfe des Programmpaketes UUCP ist die Kopplung von MUTOS und WEGA mit anderen Rechnern mit UNIX-kompatiblen Betriebssystemen (z. B. Personalcomputer unter XENIX, SINIX, ...) möglich, wenn dort die UUCP-Komponenten vorhanden sind. Hierbei ist jedoch zu beachten, daß bei den meisten UUCP-Implementierungen die Verbindungsaufnahme über eine Terminalleitung nur in einer Richtung möglich ist, das heißt, der eine Partner übernimmt die MASTER-Rolle, während der andere, passive Partner, als SLAVE fungiert. Soll die Verbindungsaufnahme von beiden Seiten erlaubt werden, müssen für die Kopplung 2 Leitungen benutzt werden. Bei MUTOS und WEGA ist eine gleichberechtigte Verbindungsaufnahme von beiden Seiten über eine Leitung möglich.

Tafel 4 Steckerbelegungen für den Anschluß von Datenübertragungstechnik

	A 7100/7150	K 1630	K 1840	EC 1834	P 8000
Stecker	Cannon 25polig	EFS 26polig für 2 Kanäle	Cannon 25polig	Cannon 5polig	Cannon 25polig
Pinbelegung	T × D (103) −2 R × D (104) −3 RTS (105) −4 CTS (106) −5 DSR (107) −6 DTR (108) −20 DCD (109) −8 DSRS (111) −23 SG (102) −7 PG (101) −1	T × D −A03 R × D −B04 RTS −A05 CTS −B06 DSR −A07 DTR −B08 DCD −A09 DSRS −B10 SG −A01 PG −B01 für Kanal A	T × D −2 R × D −3 RTS −4 CTS −5 DSR −6 DTR −20 DCD −8 DSRS −23 SG −7	T × D −2 R × D −3 RTS −4 CTS −5 DSR −6 DTR −13 DCD −8 DSRS −12 SG −7 PG −1	T × D −2 R × D −3 RTS −4 CTS −5 DSR −6 DTR −20 DCD −8 SG −7
Bemerkungen	in Klammern Bezeichnung nach CCITT; DSRS auf ASP ein; DTR, RTS mit „open" ein	Kanal 2A benutzen; Takt T2 statt T2H einspeisen (Brücke X1701 − X1705); DSRS über AIS ein; RTS, DTR über Brücke im Steckverbinder ein: A05-B08-B10	nur die ersten beiden Kanäle jeder AMF für Modembetrieb (z. B. ttyh0 und ttyh1 am 1. AMF); RTS, DTR, DSRS mit „open" ein; DCD überwacht	RTS, DTR, DSRS mit „open" ein	erst ab Versionsnummer V.43xx: nur tty0 und tty4; bei allen anderen Geräten sind Schaltungsänderungen erforderlich; RTS, DTR mit „open" ein

Tafel 5 Beispiele für Einträge in der Datei L.sys

lokaler Rechner	
P 8000	P8000 Any tty7 9600 tty7 " " NL login:-NL-login: uucp Password: Paul K1840 Any tty6 9600 tty6 " "^D login:-^D-login: uucp K1630 Any tty5 2400 tty5 " " ^Z login:-^Z-login: uucp
K 1840	P8000 Any ttyh2 9600 ttyh2 " " CR login:-CR-login: uucp Password: Paul K1840 Any ttyh0 9600 ttyh0 " " EOT login:-EOT-login: uucp K1630 Any ttyh3 2400 ttyh3 " " CTRLZ login:-CTRLZ-login: uucp
K 1630	P8000 Any tty1 2400 tty1 " " x login:-x-login: uucp Password: Paul K1840 Any tty2 2400 tty2 " " ^D login:-^D-login: uucp K1630 Any tty3 2400 tty3 " " BREAK login:-BREAK-login: uucp

Bei einer Kopplung von Rechnern unter MUTOS oder WEGA mit einem anderen Rechner muß diesem Rechner die MASTER- oder die SLAVE-Rolle fest zugeordnet werden. Ist der Partnerrechner aktiv (MASTER), muß dort ein Login-Prozeß für den Kopplungskanal verhindert werden. Bei Zuordnung der SLAVE-Rolle muß ein Login-Prozeß für den Kopplungskanal aktiv sein. Weiterhin wird in der Datei L.sys in der Spalte *time*, die die erlaubte Zeit für eine Verbindungsaufnahme enthält, *Never* eingetragen. Auf der Seite der MUTOS- bzw. WEGA-Rechner sind keine Änderungen notwendig.

Bei der oben beschriebenen Arbeitsweise werden die Aufträge eines am MASTER-Rechner arbeitenden Nutzers sofort ausgeführt, während die am SLAVE-System ausgelösten Aufträge zunächst nur im Spool-Directory gespeichert werden. Die Abarbeitung dieser Aufträge erfolgt erst bei der nächsten, von seiten des MASTERs aufgebauten Verbindung. Dieser Verbindungsaufbau kann auch zyklisch durch einen Daemon-Prozeß veranlaßt werden.

Schlußbemerkungen

Mit dem Programmpaket UUCP ist eine Vernetzung von Rechnern verschiedenen Typs mit einem UNIX-kompatiblen Betriebssystem mit geringem Aufwand und ohne Veränderung der bestehenden Hard- und Software möglich.

Die Bedienerschnittstelle zu UUCP ist einfach, da Funktionen wie die Auswahl der Übertragungsstrecken und -parameter, Zwischenspeicherung zu übertragender Daten oder die Kontrolle der Zugriffsberechtigung zu den Daten intern von UUCP vorgenommen werden. Das von UUCP genutzte Datensicherungsprotokoll unterstützt eine in der Handhabung vom Rechnertyp unabhängige Übertragung beliebiger Daten und ist somit für eine breite Palette von Anwenderlösungen einsetzbar.

Aufgrund des für die Kopplung benutzten Interfaces ist die Datenübertragungsrate begrenzt. Die Nettodatenraten liegen bei 200 ... 500 Zeichen/s. Für Anwendungen, bei denen größere Datenmengen in sehr kurzer Zeit übertragen werden müssen, ist UUCP nicht geeignet. Dort müssen ein schnelleres Übertragungsmedium (LAN) und eine im Betriebssystemkern integrierte Netzkomponente zum Einsatz kommen. Gegenwärtig wird im VEB Robotron-Projekt Dresden an der Unterstützung des ROLANET2 im Betriebssystem MUTOS 1800 gearbeitet.

Literatur

/1/ Claßen, L.: Das Betriebssystemkonzept UNIX. Mikroprozessortechnik, Berlin 2 (1988) 8, S. 227

/2/ Claßen, L.; Oefler, U.: Unix und C. Berlin: VEB Verlag Technik 1987

/3/ Damme, L.; Inhoff, U.: Unterstützung der Datenfernverarbeitung im Betriebssystem MUTOS 1630 mit Softwarepaket UUCP. Neue Technik im Büro, Berlin 31 (1987) 1, S. 20

/4/ Dr. Hamann, K.; Inhoff, U.; Schultz, K.-H.: Netzsoftware für das RVS K 1840. Neue Technik im Büro, Berlin 32 (1988) 3, S. 95

✉ KONTAKT ☏

Kombinat VEB Elektro-Apparate-Werke „Friedrich Ebert" Berlin Treptow, Zentrum für Forschung und Technologie, Abt. WAE, Storkower Straße 101, Berlin 1055; Tel. 4388509

Portabel programmieren mit C

Prof. Dr. Uwe Hübner
Technische Universität Karl-Marx-Stadt, Sektion Informatik

Die Verbreitung einer vorhandenen oder neuen Programmiersprache wird nicht ausschließlich dadurch bestimmt, daß die Sprache selbst bestimmte Vorzüge gegenüber ihren Konkurrenten hat. Ein weiteres Kriterium ist die Lauffähigkeit auf verschiedenen Rechnertypen und Betriebssystemumgebungen. Die Erfüllung dieses Kriteriums wird Portabilität genannt.
Bei der Entwicklung eines Programmiersystems für die Mehrrechnersteuerungen digitaler Vermittlungsanlagen wurden die nachfolgend dargestellten Erfahrungen gewonnen. Die Portabilitätsproblematik hat dabei aus folgenden Gründen eine große Bedeutung:
① Software für große Prozeßsteuerungen wird mit einer Rechentechnik entwickelt, die maximale Produktivität für größere Entwicklerkollektive sichert; es ist jedoch auch notwendig, Softwaremodifikationen vor Ort mit bescheidenerer Technik auszuführen.
② Das Unterstützungssystem stellt einen erheblichen Wert dar, der auch bei einem Wechsel der rechentechnischen Basis (Gerätetechnik, Betriebssystem) erhalten bleiben soll.
Das Programmiersystem beinhaltet unter anderem CHILL-Compiler, Crossassembler (K 1810 WM86) und Testunterstützungen /1/.
Die Unterstützungssoftware wurde in C geschrieben, da diese Sprache an praktisch alle verbreiteten Rechner in guter Qualität angepaßt werden kann.
Im Idealfall könnte man Portabilität so definieren, daß ein beliebig formuliertes Programm auf verschiedenen Implementierungen der Sprache stets identische Resultate liefert. Diese Forderung wird von C nicht erfüllt, da sie im Widerspruch zu der Forderung nach effektiver Nutzung verschiedener Rechnerarchitekturen (unter Kontrolle des Programmierers) steht /2/ /3/.
Die real erreichbare Form der Portabilität besteht jedoch darin, Programme so zu formulieren, daß bei Abarbeitung auf unterschiedlicher Implementierung gleiche Resultate entstehen. Bestimmte Möglichkeiten der Sprache können dabei aber nicht bzw. nur in ganz bestimmten Zusammenhängen verwendet werden /4/ /5/.
Die Erfahrung bei dem erwähnten Softwareprojekt hat gezeigt, daß ohne Beachtung der Portierungsproblematik beim Erstentwurf die Überführung auf eine andere Implementierung je nach Problemkreis und Programmierstil zwischen 10 und 16 Prozent des Aufwands der Erstentwicklung betragen kann (Der minimale Aufwand besteht in einer Neuübersetzung und Überprüfung mittels geeigneter Testdatensätze).
In diesem Beitrag soll dargestellt werden, wie ein minimaler Portierungsaufwand erreicht werden kann. Leider ist das nicht in Form eines *Kochrezepts* möglich, da eine Diskussion der Tücken einzelner C-Implementierungen aus Umfangsgründen und auch wegen der Kurzlebigkeit solcher Informationen nicht sinnvoll erscheint; vielmehr wird versucht, die zu beachtenden Aspekte dazustellen und Lösungsvorschläge vorzustellen, die von den konkreten Eigenschaften möglichst wenig abhängig sind.
Von der Portabilität zu unterscheiden ist das Problem unterschiedlicher Zielumgebungen für Cross-Programmiersysteme (Retargetability); was aber nicht Gegenstand dieses Beitrags sein soll.

Einschränkungen

Schwierigkeiten beim Übergang auf eine andere C-Umgebung (auch auf dem gleichen Prozessor) können daraus entstehen, daß es (meist geringfügige) Abweichungen der zulässigen Syntax oder Lexik der Sprache gibt:
• Die Anzahl der relevanten Zeichen von Bezeichnern ist in einigen Implementierungen auf 8 begrenzt; mitunter lassen Assembler/Linker noch weniger Zeichen zu!
• C ist eine *lebende Sprache*, daß heißt es können neue Elemente hinzukommen (z. B. enum-Typ, void-Typenangabe); ältere, als nachteilig erkannte Dinge können wegfallen.
In /6/ ist dargestellt, wie die Entwickler der Sprache diese Evolution handhaben. In nächster Zeit zu erwartende Entwicklungen gehen in Richtung eines strengeren Typenkonzeptes (Parametertypenangabe bei externen Prozeduren).
Qualitativ neue Möglichkeiten werden mit C++ /7/ erschlossen.

Speichermodelle

Eine höhere Programmiersprache sollte ja eigentlich den Programmierer von Überlegungen zur physischen Repräsentation und Lage des entstehenden Maschinenprogramms entheben. In Bezug auf die maximale Programmlänge und die Arbeit mit Zeigern ist jedoch eine Beachtung des Speichermodells notwendig.
Das konzeptionell einfachste Modell ist der linear adressierte Speicher, Dies ist im allgemeinen erst für 32-Bit-Rechner praktikabel, da bei 16-Bit-Rechnern mit einer linearen 16-Bit-Adresse nur 64 KByte Speicherraum adressiert werden können. Der am häufigsten verwendete Ausweg ist die Speichersegmentierung, das heißt der Speicher wird in Segmente von jeweils (maximal) 64 KByte eingeteilt; die Segmentlage wird durch Segmentbasisadressen, Segmentnummern oder ähnliches vorgegeben; eine ausführlichere Diskussion dieser Problematik ist in /8/ zu finden.
Drei verbreitete Modelle werden nachfolgend aufgeführt:
Im **kleinen Modell** befinden sich Kode und Daten eines Programms gemeinsam in einem Segment von maximal 64 KByte.
Das **mittlere Modell** stellt je ein Segment zu maximal 64 KByte für Kode und für Daten zur Verfügung (seperated instruction/data); im günstigsten Fall kann ein Programm also 128 KByte belegen.
Beliebig viele Segmente (zu je maximal 64 KByte) stehen im **großen Modell** zur Verfügung; wenn keine virtuelle Speicherorganisation vorhanden ist, begrenzt dann nur der physische Speicherausbau die Programmgröße.
Die Auswahl des Modells muß der Programmierer meist explizit beim Übersetzeraufruf treffen. Nicht immer stehen alle Modelle zur Verfügung (z. B. beim A 5120.16 nur das kleine Modell; bei verschiedenen SKR-Rechnern ohne Overlaysystem nur die Modelle klein und mittel)
Dem kleinen und dem mittleren Modell ist gemeinsam, daß Zeiger als 16-Bit-Werte dargestellt werden; dies führt zu etwas kleineren Programmlängen und kürzeren Laufzeiten als im großen Modell. Leider hat die breite Verfügbarkeit von Rechnern, die ausschließlich diese Speichermodelle besaßen, dazu geführt, daß in Programmen Zeiger in int-Variable überführt werden, um damit Berechnungen anzustellen. Dies sollte unbedingt vermieden werden, da beim großen Modell ein Zeiger nicht mehr in 16 Bit dargestellt werden kann (typisch: 32 Bit).
Ein anderes Problem ist die Addition von int-Werten zu Zeigern oder die Bildung von Differenzen aus Zeigern. Im Sinne des Typenkonzepts von C sind folgende Konstruktionen legal:

```
int m, n;
int *p, *p1, *p2;
p = p + m;
n = p1 - p2;
```

Es sei daran erinnert, daß dies nicht äquivalent zu einer arithmetischen Addition oder Subtraktion ist (m bezeichnet die Anzahl der Datenobjekte vom Typ int, um die p weitergeschaltet werden soll; n die Anzahl der zwischen p1 und p2 liegenden int-Datenobjekte). Es ergibt sich eine Beschränkung der Größe eines einzelnen Datenobjekts (nicht des gesamten Programms) auf den mit einer int-Repräsentation darstellbaren Wertebereich /6/.

Datenrepräsentation

Der Wertebereich der verschiedenen C-Typen für ganze Zahlen ist sehr spezifisch und muß unbedingt der jeweils zutreffenden Beschreibung entnommen werden. Mit Ausnahme einiger Compiler für 8-Bit-Zielprozessoren kann als erster Anhaltspunkt gelten /9/ /10/:

char	8 Bit
short	16 Bit
int	*natürliche* Genauigkeit des jeweiligen Rechners (d. h. 16 Bit für 16-Bit-Rechner usw.)
long	32 Bit

Die vorzeichenlose Darstellung war bei älteren Compilern nur für die Genauigkeit des int-Typs möglich, neuere Versionen lassen unsigned als zusätzliches Attribut für alle Genauigkeiten zu.
Auf eine einheitliche Datenrepräsentation kommt es an, wenn binäre Dateien mit Elementen von mehr als 8 Bit Länge verarbeitet oder erzeugt werden (z. B. Objektmodule) oder eine Arithmetik bestimmter Genauigkeit erforderlich ist (z. B. Konstantenausdrucksberechnung in Compilern bzw. Assemblern). In solchen Fällen ist short bzw. long der Vorzug vor int zu geben.
Leider ist die unterschiedliche Genauigkeit nicht das einzige Problem; schwerwiegender (weil meist nicht so offensichtlich) ist die unterschiedliche Reihenfolge von Elementareinheiten in einer größeren Einheit (Reihenfolge der Bytes im Wort, der Worte im Doppelwort, ...). Da sich für die verschiedenen Varianten jeweils plausible Begründungen finden lassen, sind zum Leidwesen der Anwender auch alle Möglichkeiten in der Praxis vertreten /11/. Für einige gebräuchliche Architekturen gelten die Angaben entsprechend der folgenden Tabelle.

		K 1810 WM86	U 8001
Reihenfolge im Wort	niedrigere Adresse	Low-Byte	High-Byte
	höhere Adresse	High-Byte	Low-Byte
Reihenfolge im Doppelwort	niedrigere Adresse	Low-Wort	High-Wort
	höhere Adresse	High-Wort	Low-Wort

Die portable Lösung solcher Probleme soll an einem Beispiel demonstriert werden. Es sei ein short-Wert (16 Bit) auf ein File auszugeben; als externe Darstellung wird (relativ willkürlich) die erste aus der obigen Tabelle festgelegt (d. h. die natürliche für K 1810 WM86). Eine einfache Lösung könnte sein:

```
short value;
fwrite (&value, sizeof(short), 1, fp_outfile);
```

Diese Lösung würde aber nur bei der K 1810 WM86-Architektur korrekt arbeiten, eine portable Lösung könnte wie folgt aussehen:

```
short value;
putc ((char) value, fp_outfile);
putc ((char) (value/256), fp_outfile);
```

Die Übersichtlichkeit wird verbessert, wenn man für solche Fälle Funktionen einführt (hier z. B. fputshort ...).

Typkonvertierungen

Für die impliziten und expliziten Typkonvertierungen gibt es in C keine festgelegte Semantik. Der kritische Fall ist die Überführung in einen Typ mit größerem Wertebereich, da hier je nach Compiler mit oder ohne Vorzeichenerweiterung gearbeitet wird.
Mit Typumwandlungen sollte aus diesem Grund (aber auch aus Gründen der Übersichtlichkeit) sparsam umgegangen werden, eine explizite Angabe des Konvertierungsoperators macht darauf aufmerksam, daß eine kritische Stelle vorliegt und sollte daher immer erfolgen.
Beachtung verdient auch der Typ des Rückgabewertes von Funktionen. Bei externen Funktionen, die keinen Rückgabewert vom Typ int haben, darf die extern-Deklaration nicht vergessen werden (anderenfalls kann es durch die dann implizit erfolgende Typwandlung zu unerwarteten Ergebnissen kommen).
Die Verwendung von char-Variablen für kleine ganze Zahlen bringt mehr Schwierigkeiten als Nutzen, da viele Rechner mit Datenbreiten > 8 Bit solche char-Objekte im Vergleich zu int-Objekten keineswegs mit weniger Programm und Laufzeit bearbeiten. Höchstens bei Feldern ist ein solches Vorgehen zu rechtfertigen:

```
/* Ausschnitt der Kode-/Variantentabelle eines Assemblers */
struct ast {char kode; char variante;};
struct ast astab [ ] = {
0xcc, 3,
0xcc, 5,
...};
int index, ko, var;
ko = ((int) astab [index]. kode) & 0xff;
```

Aber Vorsicht! Konstanten haben im allgemeinen den Typ int. Wenn sie zusammen mit Objekten größeren Wertebereiches verwendet werden, kommt es zu impliziten Typwandlungen, die nicht immer das tun, was der Programmierer erwartet:

```
long bigval;
bigval = bigval & 0x0000ffff; /* fehlerhaft!!! */
```

Vermutlich will der Programmierer den niederwertigen Teil ausblenden; die angegebene Anweisung hat aber in einigen Compilern überhaupt keinen Effekt, da die Konstante als (−1) interpretiert wird und durch die Benutzung in einem long-Ausdruck vorzeichenrichtig auf 0xffffffff erweitert wird. Eine richtige Lösung ist:

```
bigval = bigval & 0xffffl;
```

Bibliotheksfunktionen und Ablaufumgebung

Bei der Verwendung von Bibliotheksfunktionen können Schwierigkeiten daraus entstehen, daß Parametertypen unterschiedlich sind (jedoch seltener), bzw. die physische Repräsentation eines Parameters von Bedeutung ist (siehe oben) oder einige Funktionen nicht überall zur Verfügung stehen; eine gute Hilfe sind hier /12/ /13/.
Eine der Eigenschaften der Ablaufumgebung ist die implizite Initialisierung von statischen Variablen mit einem festen Wert (meist 0). Dies ist aber keine Eigenschaft der Sprache C, Variableninitialisierungen sollten daher dort wo sie notwendig sind zur Unabhängigkeit von der Ablaufumgebung und zur besseren Selbstdokumentierung explizit vorgenommen werden. Bei Programmen mit Dateiarbeit ist die Lage der benutzten Dateien in der Hierarchie zu beachten; kritisch sind hier vor allem solche, die von mehreren Nutzern gemeinsam benötigt werden (z. B. Unterprogrammbibliotheken). Da der genaue Aufbau der Dateisysteme individuell verschieden sein kann, ist es wichtig, daß die entsprechenden Abhängigkeiten nicht im Programm verstreut, sondern in einer Einfügedatei isoliert werden. Für *Notfälle* sollte man überall absolute Pfadnamen zulassen, da sich so auf jeden Fall eine (wenn auch etwas unbequeme) Arbeitsfähigkeit sichern läßt.

Besonderheiten der Rechnerarchitektur

Es ergibt sich die Notwendigkeit einer Ausrichtung von Datenobjekten bzw. Befehlen auf eine gerade Adresse bzw. auf ihre natürliche integrale Grenze (d. h. 2-Byte-Objekte auf durch 2 teilbare Adressen, 4-Byte-Objekte auf durch 4 teilbare Adressen ...)
Die Anzahl und Art der möglichen Registervariablen müssen berücksichtigt werden.
Die Art und Weise der Realisierung des Stackrahmens beim Funktionsaufruf muß beachtet werden; dies kann für Funktionen mit variabler Parameteranzahl von Interesse sein (es sind allerdings auch bei gleichem Prozessor verschiedene Lösungen möglich).
Normalerweise existieren im Übersetzersystem Mechanismen zur Berücksichtigung dieser Besonderheiten; der Programmierer hat aber (durch Typwandlungen) die Möglichkeit, diese Mechanismen zu umgehen und ist dann selbst für die Einhaltung der genannten Aspekte zuständig.

Weiterentwicklung portabler Software

Die Beachtung der Portabilitätskriterien stellt einen Beitrag zur Erhöhung von Qualität (im weiteren Sinne) und Produktivität bei der Softwareentwicklung dar.
Aus Sicht der Softwaretechnologie ist zu empfehlen, bei Wartung und Weiterentwicklung portabler Software von einer Basisversion auszugehen. Eventuell notwendige Spezifika einzelner vorgesehener Ablaufumgebungen werden mit **#ifdef VARIANTE ...** berücksichtigt. Mit dieser Möglichkeit sollte aber sparsam umgegangen werden, da mit jeder neu hinzukommenden Ablaufumgebung dann auch neue Probleme auftauchen.
Nach Modifikationen der Basisversion werden die Quelltexte auf die anderen Ablaufumgebungen gebracht und dort neu übersetzt. Die erneute Prüfung der korrekten Funktion sollte keinesfalls eingespart werden! Der Aufwand dafür ist niedrig, wenn zusammen mit den Quelltexten auch umfassende Testdatensätze und deren Sollresultate überführt werden. Der Vergleich von Soll- und Istresultaten ist sehr einfach (diff).

Literatur

/1/ Hübner, U.: CHILL-Programmiersystem für die Nachrichtentechnik. Nachrichtentechnik Elektronik 38 (1988) 5, S. 188
/2/ Kernighan, B. W.; Ritchie, D. M.: The C Programming Language. Prentice Hall, Englewood Cliffs 1978
/3/ Horn, T.; Kurs: Programmieren in C. Mikroprozessortechnik 1 (1987) 1–6
/4/ Johnson, S. C.; Ritchie , D. M.: Portability of C Programms and the Unix System. Bell Syst. Techn. Journal 57 (1978) 6.2, S. 2021
/5/ Kernighan, B. W.; Pike, R.: The Unix Programming Environment. Prentice Hall, Englewood Cliffs 1984
/6/ Rosler, L.: The Evolution of C – Past and Future. AT & T Bell Labs Techn. Journal 63 (1984) 8.2, S. 1685
/7/ Stroustrup, B.: Data abstraction in C. AT & T Bell Labs Techn. Journal 63 (1984) 8.2, S. 1701
/8/ Furth, B.; Milutinovic, V.: A Survey of Microprozessor Architectures for Memory Management. Computer 20 (1987) 3, S. 48
/9/ Claßen, L.; Oefler, U.: Unix und C. Berlin: Verlag Technik 1987
/10/ Sprachbeschreibung C-Sprache unter den Betriebssystemen MUTOS-8000, MUTOS-1630 VEB Kombinat Robotron 1985
/11/ Bodenstab, D. E.; Houghton, T. F.; Kelleman, K. A.; Ronkin, G.; Schan, E. P.: Unix Operating System Porting Experiences. AT & T Bell Labs Techn. Journal 63 (1984) 8.2, S. 1769
/12/ Bach, F.; Domman, P.: Unix-Tabellenbuch. München: Carl Hanser Verlag 1986
/13/ Rochkind, M. J.: Advanced UNIX Programming. Prentice Hall, Boulder 1985

✉ KONTAKT ☎

Technische Universität Karl-Marx-Stadt, Sektion Informatik, PSF 964, Karl-Marx-Stadt, 9010; Tel. 668430

Hinweis für unsere Leser im Ausland

Bitte denken Sie rechtzeitig daran, Ihr Abonnement zu erneuern, um damit den lückenlosen Bezug unserer Zeitschrift zu gewährleisten.

Ihre Redaktion MP

Fallen in C

Burkhard Lau
Wilhelm-Pieck-Universität Rostock, Sektion Mathematik

Im Rahmen einer intensiven Beschäftigung mit der Systemprogrammiersprache C unter MS-DOS (ohne Verwendung von lint) fällt auf, daß Tücken für Umsteiger von anderen höheren Programmiersprachen auf C in der Standardliteratur /1/, aber auch in /2/ oder /3/ nur ungenügend bzw. nicht dargestellt werden. C wird jedoch mit der Einführung der PCs EC 1834 und A 7150 einen größeren Stellenwert erhalten, wie auch das Programmiersystem C DCP vom LfA beweist /4/. Um deshalb C-Einsteigern Ärger und Mehrarbeit zu ersparen, sei im folgenden auf *Fallen*, die sich aus der C-Philosophie und der Gewöhnung an andere höhere Programmiersprachen ergeben, (nicht gemeint sind Tücken, die auf unterschiedlichen Compilerinterpretationen, wie z. B. i++ = i; oder Bitverschiebungsbefehlen, beruhen!) in diesem Artikel hingewiesen.

Pointerarbeit

Pointer dienen bekanntlich dem indirekten Zugriff auf Objekte jeglichen Typs. Der Definition einer Pointervariablen durch <typ> *pvar; (Anlegen eines 2 bzw. 4 Bytes langen Speicherbereichs im Variablenspeicher) muß jedoch, wie bei Variablen generell, vor der ersten Verwendung eine Initialisierung folgen. Dies kann jedoch nicht durch Eingabefunktionen, sondern nur, falls nicht auf ein schon existentes Objekt gezeigt werden soll, durch die Speicherplatzverwaltungsfunktionen malloc(size) bzw. calloc(n, size) (bei anderen Bibliotheken sicherlich noch andere) geschehen. Sie weisen den Pointern die Anfangsadresse eines freien Speicherbereiches der Länge size im sogenannten Heap vom Typ char zu. Falls ein anderer Typ gefordert wird, so ist eine explizite Typumwandlung durch den Cast-Operatur (<typ> *) durchzuführen. Falsch wäre also: char *pvar; ... gets(pvar);, da undefiniert ist, wohin die durch gets eingegebene Zeichenkette in den Speicher zu schreiben ist. Da mitunter das Betriebssystem betroffen ist, kann es zu mysteriösen Abstürzen kommen. Bestenfalls erhält man auf stderr die Mitteilung: NULL POINTER ASSIGNMENT. Richtig wäre: char *pvar = malloc(30); ... gets(pvar);

Zeichenketten

Leider existiert der Typ String in C nicht, obwohl man doch ständig mit Zeichenketten zu tun hat. Die Simulation von Strings erfolgt entweder über Felder von Zeichen oder über Zeiger auf Zeichen. Doch diese Tatsache ruft neben den allgemeinen Problemen mit Pointern auch noch Probleme in der Verwendung der Stringoperationen hervor. Im folgenden seien a und b so definiert: char *a = malloc(20), *b = malloc(20);

strcpy Eine Verdopplung einer Zeichenkette erreicht man nicht einfach über a = b;. Durch diese Anweisung wird nur Zeiger a auf den Anfang der durch b spezifizierten Zeichenkette gesetzt. Verändert man die Zeichenkette unter dem Namen b, ist sie auch unter a nicht mehr verfügbar. Zum Doppeln dient strcpy(a,b).

strcat Man muß wissen, daß der Compiler alle im Quelltext vorkommenden konstanten Zeichenketten (auch die, die bei printf oder scanf als control dienen!) bei der Compilierung im Konstantenspeicher ablegt. Will man nun weitere Zeichen an eine konstante Zeichenkette anhängen, muß man sie zuerst aus dem Konstantenspeicher in den Heap mit strcpy kopieren, wo man auch für den Platz der nachfolgenden Zeichenkette gesorgt haben muß. Bei Nichtbeachtung dieses Faktes würden nachfolgende Daten überschrieben. Im Fall des Konstantenspeichers würde man sich wundern, daß vielleicht das nachfolgende printf nicht funktioniert oder Unsinn entsteht. Denn printf merkt sich die Adresse im Speicher, wo es sein control abgelegt hatte, und liest dann blindlings den dort stehenden Inhalt. Falsch wäre also: strcat("Hallo",gets(b));, sondern die korrekte Version lautet so: strcat(strcpy(a,"Hallo"),gets(b)); Dies ist auch ein Beispiel, wie mit C kompakter Code erzeugt werden kann. Die bisherigen Betrachtungen galten der Darstellung von Strings mit Hilfe von Pointern. Aber auch die Benutzung von Arrays birgt eine Falle in sich, wie das folgende Programmstück beweist: char a[20]; ... a = "Stringzuweisung"; Die Zuweisung klappt deshalb nicht, da a zwar einen Zeiger auf das Array darstellt, durch die Zuweisung jedoch gezwungen wird, seinen konstanten Wert zu ändern und auf die, im Konstantenspeicher befindliche, Zeichenkette zu zeigen. Man würde also dem Compiler zumuten, daß er die Speicherzelle einer Variablen ändert. Korrekt könnte dies so aussehen: strcpy(a,"Stringzuweisung");

Eingabe vom Terminal

Jede Eingabefunktion überprüft bei ihrem Aufruf den Eingabepuffer. Falls er leer ist, wird er bis zum abschließenden ENTER (/n) zum Beschreiben geöffnet, ansonsten wird der Inhalt des Puffers als Eingabestrom ausgewertet. Häufig zur Eingabe nur eines Zeichens benutzt, aber sehr gefährlich, ist getchar() (und alle damit verwandten Funktionen). Falsch wäre:
char z, *str = malloc(20); ... z = getchar(); ... gets(str);
getchar() öffnet während des Programmlaufs den Eingabepuffer und der Bediener kann nun ein (oder auch mehrere) Zeichen und das abschließende /n eingeben. Der Variablen z wird korrekt das erste Zeichen des Eingabepuffers zugewiesen, doch wird gets keinen leeren Puffer, sondern zumindest /n vorfinden. Somit wird die Eingabe nicht eröffnet und str bekommt die restlichen Zeichen des Terminalpuffers bis zum /n (zuzüglich /0 am Ende) durch gets zugewiesen, da gets alle Zeichen bis zum /n liest. Richtig ist es also, nach dem getchar den Terminalpuffer mit fflush(stdin) zu leeren.
Beim Programmablauf benötigt man des öfteren einen Haltepunkt und möchte dafür ebenfalls getchar nutzen. Dazu ein Realisierungsvorschlag als Makro: #define wait puts ("Fortsetzen mit <ET>");(void)getchar(); fflush(stdin)

Harmlose Fallen

In diesem abschließenden Abschnitt möchte ich eine kurze Zusammenstellung von Stolpersteinen präsentieren, die insbesondere Pascalprogrammierer interessieren werden:

- **der \ (backslash):** Er dient in MS-DOS zur Darstellung von Pfaden. Andererseits dient er in C als Einleitung von Steuerzeichen bei der Ausgabe von Strings. Dementsprechend hätte folgende Anweisung nicht den gewünschten Effekt:
puts("c: \ neudaten \tab1"); Berichtigung: Darstellung des **** durch **** im auszugebenden String.
- **Vergessenes;:** Das Semikolon dient in C, im Gegensatz zu Pascal, nicht zur Trennung von Anweisungen, sondern es macht einen Ausdruck erst zu einer Anweisung.
- **Vergessene Break-Befehle in switch:** Eine Case-Marke ist in C lediglich ein Einsprungpunkt in den laufende Code. Eine Beendigung der Anweisungsfolge wird nicht durch die nächste case-Marke, sondern durch einen Break-Befehl, der möglicherweise nach der nächsten Case-Marke liegen kann, erreicht.
- **= oder = =?:** In C besitzt jede Anweisung einen Wert. So auch die Zuweisung a = b;, da a den Wert und den Typ von b annimmt. Insofern ist der Ausdruck if (a = b) ... nicht falsch, da in C ein Wert logisch als *false* interpretiert wird, wenn er den Wert 0 besitzt, ansonsten ist er *true*. Es wird jedoch leider überhaupt nicht das erreicht, was der Programmierer eigentlich wollte, nämlich den Vergleich durchzuführen: if (a = = b) ...
- **Vergessene Klammern bei einem Funktionsaufruf:** Es ist nicht falsch, statt des Aufrufs einer Funktion mit einer dem Namen nachgestellten, in Klammern gesetzten Parameterliste die Klammern und die Parameterliste wegzulassen. Dieses liefert dann aber die Adresse der Funktion.
- **Variablenbezeichner:** Im Gegensatz zu Pascal ist die Schreibweise in Groß- und Kleinbuchstaben signifikant, das heißt das var, Var und VAR drei verschiedene Variablen definieren
- **Indizierung mehrdimensionaler Felder:** Betrachten wir einmal folgenden Programmcode: int feld[100,4]; Es soll hier also ein zweidimensionales Feld von Integergrößen definiert werden. Dieses Ziel wird aber nicht erreicht, da es in C möglich ist, mehrere Ausdrücke durch Kommata zu trennen. Es werden dann alle Ausdrücke berechnet und der Wert des Ganzen wird durch den am weitesten rechts stehenden Ausdruck bestimmt. Unser obiger Code entspricht also int feld[4]; Korrekt sieht eine solche Anweisung so aus: int feld[100][4];

Literatur
/1/ Kernigham, W.; Ritchie, M.: The C Programming Language. Bell Laboratories, Murray Hill, New Jersey
/2/ Clauß, M.; Fischer, G.: Programmieren mit C. VEB Verlag Technik, Berlin 1988
/3/ Claßen, L.; Oefler, U.: UNIX und C – Ein Anwenderhandbuch. Berlin: VEB Verlag Technik 1987
/4/ Programmiersystem C DCP. edv-aspekte Berlin: 7 (1988) 3, S. 26

Maus-Anwendung unter Turbo-Pascal

Brigitta Schimpf
Bauakademie der DDR, Institut für Technologie und Mechanisierung

Unter MS-DOS und kompatiblen Betriebssystemen kann eine Maus in Turbo-Pascal-Programmen zur Gestaltung einer anspruchsvollen Dialogführung im Textmode eingesetzt werden. Sie bewährt sich als Hilfsmittel bei der Menüauswahl, beim Rollen, Blättern und Markieren von Daten in Bildschirmfenstern und beim Aufheben von Wartezuständen in Entscheidungspunkten. Dialogprogramme sollten sowohl mit als auch ohne Maus-Unterstützung lauffähig sein. Die in diesem Artikel vorgestellten Prozeduren ermöglichen den Einsatz der Maus in Turbo-Pascal-Programmen (Version 4.0).

Aufruf der Maus-Funktion

Die Maus-Funktionen werden über den DOS-Interrupt 33H angesprochen, wobei durch Register AX die spezielle Funktion ausgewählt wird. Bild 1 zeigt einen Satz von Turbo-Pascal-Prozeduren zum Aufruf der Maus-Funktionen im Textmode, der für viele Anwendungsfälle ausreicht. Diese Prozeduren werden im folgenden erläutert (siehe Bild 1):

```
var reg:registers;

procedure INITMOUSE(var anzbutton:byte; var mouseok:boolean);
begin
  if mem[$0000:$00cc]=0      {interruptvektor $33}
  then mouseok:=false        {keine interruptroutine}
  else begin
    reg.ax:=0; reg.bx:=0; intr($33,reg);
    if reg.ax<>0 then mouseok:=true else mouseok:=false;
    anzbutton:=reg.bl;
  end;
end;  {initmouse}


procedure SOFTTEXTMOUSE(screenmask,cursormask:word);
begin
  reg.ax:=10; reg.bx:=0;
  reg.cx:=screenmask; reg.dx:=cursormask;
  intr($33,reg);
end;  {softtextmouse}


procedure SHOWMOUSE;
begin reg.ax:=1;  intr($33,reg);end; {showmouse}


procedure HIDEMOUSE;
begin reg.ax:=2; intr($33,reg); end; {hidemouse}


procedure GETMOUSEPOSITION(var button,x,y:byte);
begin
  reg.ax:=3; intr($33,reg); button:=reg.bl;
  x:=succ(reg.cx div 8); y:=succ(reg.dx div 8);
end;  {getmouseposition}


procedure SETMOUSEPOSITION(x,y:byte);
begin
  reg.ax:=4;  reg.cx:=pred(x)*8;  reg.dx:=pred(y)*8;
  intr($33,reg);
end;  {setmousepositon}


procedure MOUSEWINDOW(x1,y1,x2,y2:byte);
begin
  reg.ax:=7;  reg.cx:=pred(x1)*8;  reg.dx:=pred(x2)*8;
  intr($33,reg);
  reg.ax:=8;  reg.cx:=pred(y1)*8;  reg.dx:=pred(y2)*8;
  intr($33,reg);
end;  {mousewindow}
```

Bild 1
Prozeduren zum Aufruf der Maus-Funktion

Die Prozedur **INITMOUSE** initialisiert die Maus. Dem aufrufenden Programm wird der Erfolg der Initialisierung (mouseok) und die Anzahl der verfügbaren Maus-Tasten (anzbutton) übergeben.
SOFTTEXTMOUSE definiert das Aussehen des Maus-Cursors auf dem Bildschirm. Ein Software-Maus-Cursor wird durch einen Zeichencode und ein Zeichenattribut repräsentiert, die die Bildschirmstelle ersetzen oder verändern, auf der die Maus positioniert ist. Der Wert *screenmask* wird der Prozedur übergeben und legt fest, welche Bildschirmcharakteristika auf der Maus-Position erhalten bleiben sollen. Er wird mit dem aktuellen Bildschirmzeichen und -attribut über AND verknüpft.
Screenmask=80FFH bedeutet beispielsweise, daß das Bildschirmzeichen in seiner Gestalt unverändert bleiben soll (FFH); vom Bildschirmattribut wird jedoch nur die Eigenschaft *Blinken* erhalten, nicht aber Vorder- und Hintergundfarbe (80H). Der Wert cursormask bestimmt die Merkmale, die durch den Maus-Cursor verändert werden sollen. Er wird mit dem Ergebnis der vorherigen AND-Operation über XOR verknüpft. Cursormask=2000H legt für den Maus-Cursor grünen Hintergrund und schwarzen Vordergrund fest (20H); das Bildschirmzeichen wird in seiner Gestalt belassen. Der Aufruf SOFTTEXTMOUSE($80FF,$2000) definiert also den Maus-Cursor als grünen Block, in dem das aktuelle Zeichen schwarz erscheint.
Mit der Initialisierung der Maus und der Auswahl des Maus-Cursors ist die Maus aktiv. Der Maus-Cursor wird jedoch erst nach dem Aufruf der Prozedur **SHOWMOUSE** auf dem Bildschirm sichtbar. Die Prozedur **HIDEMOUSE** läßt dagegen den Maus-Cursor vom Bildschirm verschwinden. SHOWMOUSE und HIDEMOUSE sind stets im Wechsel zu verwenden.
Die augenblickliche Position des Maus-Cursors wird mit Hilfe von **GETMOUSEPOSITION** bestimmt. Diese Prozedur vermittelt auch die Maus-Taste, die zum Zeitpunkt der Abfrage gedrückt war. Dabei bedeuten gesetzte Bits 0, 1 bzw. 2 in der Variablen button, daß die linke, rechte bzw. mittlere Maus-Taste gedrückt wurde.
SETMOUSEPOSITON setzt den Maus-Cursor auf eine bestimmte Bildschirmstelle.
MOUSEWINDOW ist eine Prozedur, die den Maus-Cursor in ein vorgegebenes Fenster zwingt. Hier sind gleiche Werte für die Spalten- bzw. Zeilenangaben möglich, beispielsweise die Beschränkung der Maus-Bewegung auf eine bestimmte Zeile.

Beispiele

An zwei einfachen Beispielen soll die Anwendung der Maus-Prozeduren demonstriert werden:
Die im Bild 2 gezeigte Prozedur **WAIT** erzeugt einen Haltepunkt im Programm, der nach beliebigem Tastendruck auf Tastatur oder Maus beendet wird.
Mit Hilfe der in Bild 3 dargestellten Prozedur **DECIDE** wird eine Entscheidung durch eine einzelne Taste gefällt. Zur Entscheidung zugelassen sind dabei alle Tasten, die der Prozedur über den String *Ende Tasten* übergeben werden. In diesem String werden vom aufrufenden Programm je zwei Zeichen für eine Taste bereitgestellt. Das erste Zeichen enthält das Hauptbyte (den ASCII-Code), für Funktions- und Cursor-Tasten den Wert Null. Das zweite Zeichen ist für normale Tasten mit Null, für Funktions- und Cursortasten mit dem Hilfsbyte zu belegen. Ist die Maus installiert, so werden den ersten drei Endetasten die rechte, linke bzw. mittlere Maus-Taste zugeordnet. Eine Maus-Taste kann für die Prozedur DECIDE gesperrt werden, indem die entsprechende Endetaste mit Null (chr(0) +chr(0)) belegt wird.
Beispiele für den Aufruf von DECIDE:

```
var endetasten:string; taste:word;
...
endetasten:=chr($0d)+chr(0)+
            chr($1b)+chr(0)+
            chr(0)  +chr(3b);
DECIDE(endetasten,taste);
case Taste of
    $0d  :...
    $1b  :...
    $3b00:...
end;
...
```

```
procedure WAIT;
var   anzbutton,x,y,button:byte; mouseok:boolean; rk:char;

begin
  INITMOUSE(anzbutton,mouseok);  {Maus Initialisierung}
  if mouseok then begin
     SOFTTEXTMOUSE($80ff,$2000);
     {Maus in das aktuelle Fenster zwingen}
     MOUSEWINDOW(lo(windmin)+1,hi(windmin)+1,
                 lo(windmax)+1,hi(windmax)+1);
     SHOWMOUSE;
  end;
  button:=0;
  while KEYPRESSED do rk:=READKEY;  {Tastaturpuffer leeren}
  repeat
    if mouseok then GETMOUSEPOSITION(button,x,y);
  until KEYPRESSED or (button<>0);
  while KEYPRESSED do rk:=READKEY;  {Tastaturpuffer leeren}
  if mouseok then begin
     HIDEMOUSE; MOUSEWINDOW(1,1,80,25);
  end;
end;  {wait}
```

Bild 2 Beispiel für die Maus-Anwendung Haltepunkt im Programm

```
procedure DECIDE(var endetasten;var taste:word);
const leftbutton=1; rightbutton=2; middlebutton=4;
var   anztasten,anzbutton,x,y,button:byte; j:integer;
      mouseok,mouse,keybord,ok:boolean; rk:char;

function KEYSTATUS:word;
begin reg.ah:=1; reg.al:=0; intr($16,reg);
      if reg.flags and fzero=0 then begin
         if reg.al<>0 then reg.ah:=0; KEYSTATUS:=reg.ax;
      end
      else KEYSTATUS:=0;
end;  {keystatus}

begin
  INITMOUSE(anzbutton,mouseok);  {Maus Initialisierung}
  if mouseok then begin
     SOFTTEXTMOUSE($80ff,$2000);
     MOUSEWINDOW(lo(windmin)+1,hi(windmin)+1,
                 lo(windmax)+1,hi(windmax)+1);
     SHOWMOUSE;
  end;
  anztasten:=mem[seg(endetasten):ofs(endetasten)] div 2;
  ok:=false;

  repeat       {bis Endetaste}
    while KEYPRESSED do rk:=READKEY;
    keybord:=false;mouse:=false;button:=0;
    repeat     {bis beliebige Taste}
      taste:=KEYSTATUS;
      if (taste<>0) then keybord:=true
      else if mouseok then begin
              GETMOUSEPOSITION(button,x,y);
              if button<>0 then mouse:=true;
           end;
    until keybord or mouse;

    if mouse then begin
      taste:=0;
      if (button and rightbutton=rightbutton) then
         taste:=memw[seg(endetasten):ofs(endetasten)+1]
      else if (button and leftbutton=leftbutton) and
              (anztasten>=2) then
              taste:=memw[seg(endetasten):ofs(endetasten)+3]
      else if (button and middlebutton=middlebutton) and
              (anztasten>=3) then
              taste:=memw[seg(endetasten):ofs(endetasten)+5];
      if taste<>0 then ok:=true;
    end  {if mouse}
    else for j:=1 to anztasten do  {if keybord}
      if memw[seg(endetasten):ofs(endetasten)+2*j-1]=taste
         then ok:=true;
  until ok;
  while KEYPRESSED do rk:=READKEY;
  if mouseok then begin
     HIDEMOUSE; MOUSEWINDOW(1,1,80,25);
  end;
end;  {decide}
```

Bild 3 Beispiel für die Maus-Anwendung, Entscheidungspunkt im Programm

Nach dem Aufruf von DECIDE wird in diesem Beispiel die Eingabe einer der Tasten ENTER, ESC bzw. F1 erwartet, wobei der Druck der rechten Maus-Taste wie ENTER, der linken wie ESC und der mittleren (falls vorhanden) wie F1 wirkt.
Zur Abfrage der Tastatur wird in DECIDE die Funktion KEYSTATUS verwendet, die den Tastencode in der beschriebenen günstigen Weise aufbereitet.
Mit den vorgestellten Hilfsmitteln lassen sich anspruchsvolle Dialogprogramme entwikkeln. Die Maus-Tasten sollten dabei stets gleiche Bedeutungen besitzen, z. B.

rechte Taste – bestätigen/auswählen
linke Taste – verneinen/beenden.

Der mittleren Maus-Taste könnten besondere Funktionen zugeordnet werden, beispielsweise bei der Fensterarbeit in Abhängigkeit von der Maus-Position das Rollen der Fensterdaten nach oben bzw. nach unten.

✉ KONTAKT ☎

Bauakademie der DDR, Institut für Technologie und Mechanisierung, Plauener Str. 163–165, Berlin, 1092; Tel. 37 833 33

Entwurf von Gate-Array-Schaltkreisen Teil 3

Prof. Dr. Dietmar Müller, Jan Pauliuk
Technische Universität, Karl-Marx-Stadt, Sektion Informationstechnik

Entwurfsvorgaben und -restiktionen bei Gate-Array-Schaltkreisen

Die Spezifik des Entwurfes und des Einsatzes von Gate-Array-Schaltkreisen erfordert die Einhaltung bestimmter Vorgaben und Restriktionen, damit der im Silizium realisierte Schaltkreis
– mit dem ersten Entwurf funktioniert und
– vom Hersteller (struktur-) prüfbar
ist.
Nachfolgend werden die aus dem Prinzip von Gate-Array-Schaltkreisen (siehe z. B. /1/, /2/) resultierenden allgemeinen Restriktionen und die durch das LSSD-Prinzip verursachten Vorgaben und Restriktionen beschrieben.

Allgemeine Vorgaben und Restriktionen

Wie bereits ausgeführt, existieren gegenwärtig nur digitale Funktionselemente (Hard- und Softwaremacros). Es fehlen neben direkten analogen Komponenten (wie Operationsverstärker) insbesondere auch Elemente mit Triggerfunktionen für die Eingangsstufen. Dieses Fehlen analoger Komponenten ist eine Schwachstelle, da üblicherweise viele der zu verarbeitenden Signale analogen Charakter haben. Aus diesem Grunde werden künftige Gate-Array-Schaltkreise auch analoge Funktionselemente für Eingangs- und Ausgangsstufen ebenso aufweisen müssen wie RAM- und Prozessorstrukturen, damit die Einsatzbreite weiter erhöht werden kann.
Eine weitere Randbedingung ist die durch den Masteraufbau vorgegebene Anzahl der potentiellen Funktionselemente, die im allgemeinen noch in mögliche kombinatorische Funktionselemente und in mögliche LSSD-Flipflops (siehe nächsten Abschnitt) unterteilt werden, wodurch ebenfalls Entwurfsbeschränkungen entstehen. Der Anwender muß beim Entwurf seines Systemkonzepts weiterhin auf die verfügbaren Ein-/Ausgangsanschlüsse des Schaltkreises, die wesentlich durch die Gehäuseform bestimmt sind, achten. Für Gate-Array-Schaltkreise werden Chip-Carrier-Gehäuse mit bis zu 128 Pins verwendet (z. B. im System U 5200 PCC 64 oder künftig ausschließlich QFP 68). Bei weiter ansteigender Komplexität der Gate-Array-Schaltkreise wächst die Tendenz, auch Pin-Grid-Gehäuse mit bis zu 255 Pins einzusetzen, wobei die Gehäusekosten den Schaltkreispreis maßgeblich beeinflussen.
Die Ein-/Ausgangsanschlüsse müssen vom Anwender ebenfalls bezüglich ihrer konkreten Funktion „programmiert" werden. Das heißt, der Anwender legt – wie bei den Funktionselementen – auch für die E-/A-Anschlüsse mit Hilfe der Interface-Macros fest, ob die um die Bondinsel angeordneten Schaltungen als Eingangsschaltung und/oder als Ausgangsschaltung fungieren sollen; dabei wird auch fixiert, mit welchem Pegel sie arbeiten, welches Treiberverhalten sie besitzen sollen u. a.

Restriktionen durch den prüfgerechten Entwurf

Da der Hersteller von Gate-Array-Schaltkreisen deren Funktion nicht kennt, das "Funktionieren" des Schaltkreises – sprich das des Siliziums – dem Anwender aber nachweisen muß, ist die Notwendigkeit einer Strukturprüfung mit der Möglichkeit einer automatischen Testsatzgenerierung einleuchtend. Die Sinnfälligkeit einer Strukturprüfung wird durch die kleinen bis mittleren Stückzahlen pro Typ weiter untermauert.
Daher müssen Gate-Array-Schaltkreise so entworfen werden, daß sie trotz der unvermeidbaren Parameterschwankungen funktionieren und mit vertretbarem Aufwand prüfbar sind.
Die technologiebedingten Parameterschwankungen verändern insbesondere die dynamischen Kennwerte. Die zu entwerfenden Schaltungsstrukturen müssen jedoch unabhängig von diesen Schwankungen funktionieren, das heißt unabhängig von dynamischen Parametern sein, wodurch die Forderung nach pegelabhängigen (englisch: level sensitiv) Schaltungen entsteht. Die Prüfbarkeit des Schaltkreises wird durch die Ausbildung eines Scan-Pfades (englisch: scan-path) realisiert. Aus diesem Grunde werden Gate-Array-Schaltkreise im System U 5200 nach dem LSSD-Prinzip (englisch: level sensitive-scan-design) entworfen.

1. LS-Prinzip

Schaltungen sind nach /2/ dann level-sensitiv, wenn

– der Ausgangszustand (logischer Pegel) nach jeder erlaubten Eingangsänderung unabhängig von den internen Schaltungsverzögerungen ist

– sich der Ausgangszustand als statischer Endwert unabhängig von der Reihenfolge der Eingangsänderungen ergibt.

Daraus folgt für Gate-Array-Schaltkreise:

– ausschließliche Nutzung rückführungsfreier kombinatorischer Schaltungen, da diese stets level-sensitiv sind

– ausschließliche Nutzung synchron getakteter Speicherelemente, die durch den statischen Endwert (logischer Pegel) der kombinatorischen Ausgänge gesteuert werden, wodurch die innerhalb der Kombinatorik möglichen Hazards wirkungslos werden. Wettlauferscheinungen innerhalb dieser Speicherelemente müssen durch strukturelle Maßnahmen wirkungslos werden.

Mit derartigen synchron getakteten Speicherelementen und der rückführungsfreien Kombinatorik besitzt die Gesamtschaltung die geforderte Eigenschaft, *level sensitiv* zu sein.

2. Scan-Prinzip

Die Anwendung dieses Prinzips führt zu der für die Testung erforderlichen Steuer- und Beobachtbarkeit.

Steuerbarkeit: Das System kann in vorbestimmte Zustände überführt werden, wobei die Eingangs- und Zustandsvariablen einstellbar sein müssen.

Beobachtbarkeit: Die Reaktion des Systems (Ausgänge und Folgezustände) auf vorbestimmte Eingangssignale muß meßbar sein.

Dazu wird ein Scan-Pfad durch eine zeitweise Kettenschaltung aller obiger Speicherelemente realisiert. Dadurch wird die aufwendige Testung von sequentiellen Schaltungen in die weniger aufwendige Testung der Speicherelemente und die Testung der rückführungsfreien kombinatorischen Schaltungen getrennt.

3. LSSD-Schaltungsprinzip

Wie bekannt, sind die vorbereiteten Transistorstrukturen für die potentiellen Funktionselemente in parallelen Zeilen oder Straßen angeordnet (siehe zum Beispiel /3/).

Für die geforderten level-sensitiven Gesamtschaltungen, die aus der Einbettung rückführungsfreier Kombinatorik in getaktete FFs besteht, wird diese Anordnung genutzt. Dazu wird die Kombinatorik in bestimmten Zeilen konzentriert, und in den übrigen Zeilen sind die Speicherelemente angeordnet. Damit ergibt sich die im Bild 8 dargestellte LSSD-Schaltungsstruktur.

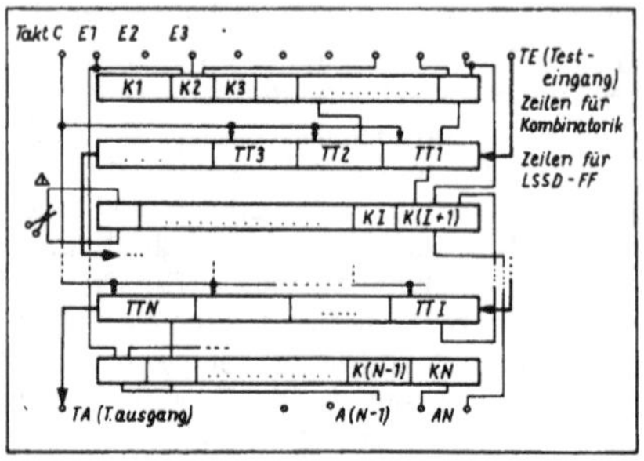

Bild 8 ***LSSD-Schaltungsstruktur***

Dabei werden entweder einheitliche Transistoren auf dem gesamten Chip genutzt und durch die Verdrahtungsebenen zu kombinatorischen Funktionselementen oder zu Speicherelementen verbunden. Oder es werden speziell für die Kombinatorik und für die Speicherelemente entworfene und angepaßte Transistorstrukturen in Zeilen auf dem Chip erzeugt, wodurch die Lage und die Zahl der „Kombinatorikzeilen" und der „FF-Zeilen" fixiert sind (z. B. im System U 5200), jedoch wegen des speziellen Entwurfs – besonders bei den FFs – Chipfläche gespart oder die Schaltzeiten verkürzt werden.

Für diese LSSD-Schaltungsstrukturen muß gelten bzw. muß realisierbar sein:

– Eingänge der Kombinatorik werden von den Ausgängen der FFs oder von den Eingangsstufen des Schaltkreises gespeist

– Ausgänge der Kombinatorik werden an die Eingänge der FFs oder an die Ausgangsstufen des Schaltkreises geschaltet

– Rückführungen sind nur über die FFs zulässig

– Verbindung aller FFs zu einer Schiebekette während des Testmodus.

Die im Bild 8 gezeichneten LSSD-FFs haben eine Doppelfunktion. Im Arbeitsmodus (Systemmodus) sind sie „normale" getaktete Flipflops, und im Testmodus sind sie Flipflops einer Schiebekette. Dazu sind diese Master-Slave-FFs mit einem vor- und nachgeschalteten Umschalter für diese Betriebsarten ausgestattet.

Bild 9 zeigt das im Gate-Array-Lehrsystem /1/ genutzte aufwandsarme D-Master-Slave-FF, wobei das für die CMOS-Technologie charakteristische Transfergate genutzt wird. Mit dem Takt C wird bei C = 1 das Eingangssignal an D in den Master übernommen und bei C = 0 vom Master an den Slave weitergegeben.

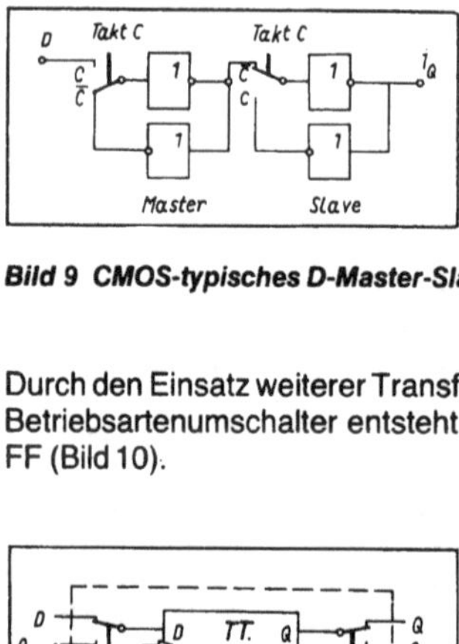

Bild 9 ***CMOS-typisches D-Master-Slave-FF***

Durch den Einsatz weiterer Transfergates als Betriebsartenumschalter entsteht ein LSSD-FF (Bild 10).

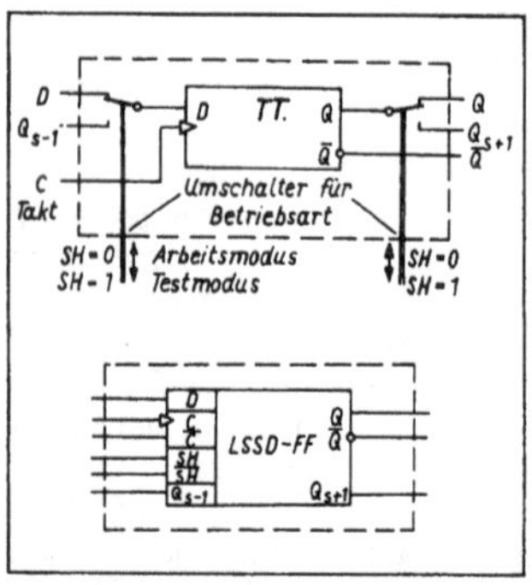

Bild 10 ***Schaltung und Symbol eines LSSD-FFs***

Im Gate-Array-System U 5200 werden taktzustandsgesteuerte JK-Master-Slave-FFs innerhalb des LSSD-FF genutzt, dessen prinzipieller Aufbau im Bild 11 dargestellt ist. Es ist zu erkennen, daß im Gegensatz zu Bild 10 vor dem Slave-Teil umgeschaltet wird, woraus ein Arbeits- und ein Schiebeslave folgen. Die logische Schaltung dieses LSSD-FF ist beispielsweise in /4/ angegeben.

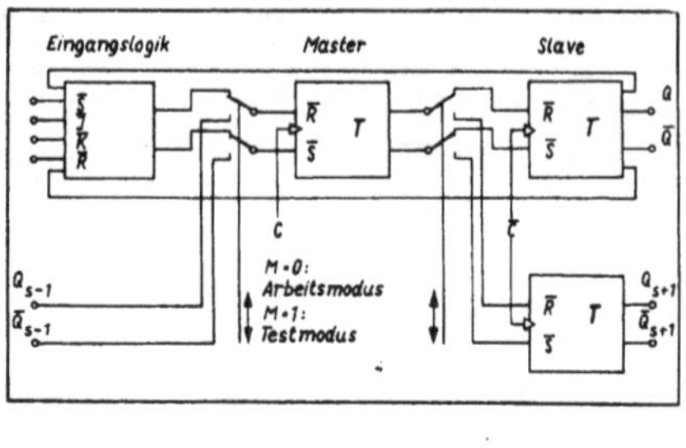

Bild 11 ***Prinzip des LSSD-FFs im System U 5200***

Betriebsart: *Arbeitsmodus* (Anwendermodus)

Dieser Modus (SH = 0 im Bild 10 oder M = 0 im Bild 11) ist der normale, das heißt, die entworfene Schaltungsstruktur realisiert die zu erfüllende Funktion im Sinne eines synchron getakteten Systems. Die LSSD-FFs können und werden ausschließlich zur Erfüllung der sequentiellen Funktionen des Gate-Array-Schaltkreises genutzt.

Entsprechend Bild 10 wird während C = 1 der statische Endwert der vorgeschalteten Kombinatorik in den Master übernommen (beim U 5200 während der Masterphase wegen der Low-Aktivität bei C = 0).

Dabei sollte die Dauer dieser Taktphase nicht wesentlich über der minimalen, für eine sichere Zustandsübernahme ausreichenden Dauer liegen, um die maximal erreichbare Betriebsfrequenz nicht zu verringern und um die Wirkung zufälliger Spikes in der Kombinatorik zu begrenzen. Es sollte daher stets ein unsymmetrischer Takt mit der minimalen Masterphase angestrebt werden.

Während C = 0 wird der Zustand des Masters in den Slave übernommen und steht damit als Eingangssignal für die nachgeschaltete Kombinatorik zur Verfügung. Die Dauer dieser Taktphase (Slavephase) muß so gestaltet werden, daß neben der sicheren Zustandsübernahme in den Slave sich *auch* der statische Endwert an der nachgeschalteten Kombinatorik einstellen kann.

Neben den Übernahmezeiten in den Master und den Slave (einschließlich der Takttoleranzen und -verschiebungen) bestimmt die größte Verzögerungszeit der Kombinatorik und damit die maximale Kettenlänge der – vom Anwender entworfenen – Kombinatorik die maximale Betriebsfrequenz des Gate-Array-Schaltkreises.

Der Simulator des CAD-Systems (siehe zum Beispiel /5/) berechnet unter Worst-case-Bedingungen die Verzögerungszeiten der Kombinatorik, addiert die Zeiten für die Verzögerungen innerhalb des FFs und ermittelt damit die Dauer der Slavephase.

Betriebsart: *Testmodus* (Schiebemodus)

Durch das Signal SH = 1 (U 5200 : M = 1) werden alle LSSD-Flipflops zu einer Schiebekette zusammengeschaltet.

Der damit mögliche (Struktur-)Test beim Hersteller beinhaltet:

– Testung der Speicherelemente

– Testung der (rückführungsfreien) Kombinatorik.

Erstere werden getestet, indem an den Test-

eingang QSI des Schaltkreises und damit an den Eingang QS des ersten, zu einer Kette geschalteten LSSD-FFs regelmäßige Testfolgen angelegt und durchgeschoben werden. Funktionieren alle FFs, erscheinen diese Folgen am Testausgang (bei U 5200 nach 102 Takten) unverfälscht.
Für die Testung der Kombinatorik werden vom CAD-System (siehe Teil 2) mittels eines modifizierten D-Algorithmus Testvektoren (-folgen) berechnet, die strukturelle Fehler – wie defekte Transistoren, Kurzschlüsse und Unterbrechungen von Verbindungsleitungen – prüfen.
Diese Folgen werden in die LSSD-Kette eingeschoben und Teile dieser Folgen direkt an die nutzerspezifischen Eingangspins des Schaltkreises gelegt.
Nach Umschalten auf den Arbeitsmodus stehen die Bitmuster an den Eingängen der Kombinatorik zur Verfügung (Steuerbarkeit!). Nach Erreichen des statischen Endwertes der Ausgangssignale der Kombinatorik werden diese in den Master und anschließend an den Slave übernommen. (Im Bild 11 ist der Modusumschalter nach dem Master nur zur Prinzipierläuterung eingefügt. Schaltungstechnisch ist der Schiebeslave an den Master angeschlossen.)
Nach Umschalten in den Testmodus werden diese Ausgangszustände als Ergebnisse der kombinatorischen Verknüpfung der zu prüfenden IST-Struktur herausgeschoben (Beobachtbarkeit!) und können mit den berechneten SOLL-Ergebnissen verglichen werden. Bei Nichtübereinstimmung wird der Chip als fehlerhaft gekennzeichnet, sonst wird der obige Vorgang mit weiteren berechneten Testvektoren bis zur vollständigen Testung der Struktur fortgesetzt. (Bei redundanten Schaltungen läßt sich keine vollständige Testung erreichen, da keine Steuerbarkeit mehr vorhanden ist.)

Bild 12
Realisierung verschiedener FF-Arten

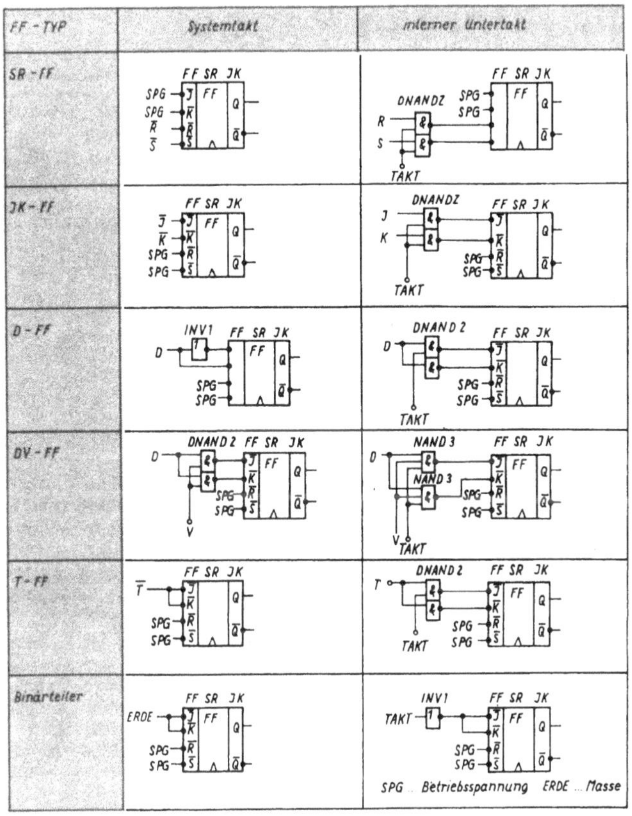

Auswirkungen auf die Schaltungstechnik

Der Anwender muß beim Entwurf neben Kenntnissen aus den Datenblättern (z. B. bei U 5200: 1020 Gatteräquivalente, 102 RS-JK-MS-FFs, Stromverbrauch kleiner 10 mA, erreichbare Betriebsfrequenzen ...1 ...3 ...MHz) auch solche besitzen, die aus dem LSSD-Prinzip folgen.
Wesentliche Auswirkungen auf die Schaltungstechnik gegenwärtiger Gate-Array-Schaltkreise sind:
– Gate-Array-Schaltkreise arbeiten stets synchron, alle 102 FFs im System U 5200 werden durch einen Takt getrieben. Der Aufbau von Untertaktsystemen ist nur durch die Verwendung zusätzlicher Gatter möglich (z. B. alle FF-Eingänge durch Zweier-NANDs getort, wobei auch diese FFs selbstverständlich nur vom Systemtakt gesteuert werden – siehe Bild 12).
– Ausschließliche Nutzung der LSSD-FFs (Bilder 9 und 11) und von diesen abgeleiteten Varianten (im Sinne von verfügbaren Hardwaremakros) führt dazu, daß D-FFs und T-FFs nur mit zusätzlichem Aufwand erzeugt werden können. Bild 12 zeigt Varianten, die mit dem Systemtakt oder mit einem „Anwender"-Takt gesteuert werden.
– Verbot von Rückführungen in der Kombinatorik (Zyklenfreiheit) bedeutet Verbot des Aufbaus zusätzlicher Speicherelemente.
– Redundanz in den Schaltungen verhindert eine vollständige Prüfbarkeit. Der Anwender muß daher auf die Vermeidung von Redundanz achten, da bisher das CAD-System auch offensichtliche Redundanz (z. B. parallel geschaltete Eingänge) nicht signalisiert.
– Monoflops oder Verzögerungsschaltungen, die Gatterverzögerungszeiten nutzen, sind nicht zulässig und müssen durch Zähler oder Schieberegister realisiert werden.
Aus den verfügbaren Funktionselementen und der benutzten CMOS-Technologie ergeben sich:
• Komplexe Schaltungen müssen stets auf die Zusammenschaltung von in der Bibliothek vorhandenen Funktionselementen (Hard- und Softwaremakros) zurückgeführt werden, dabei ist
– Nutzung der negierenden und nichtnegierenden Ausgänge der Grundgatter und
– Nutzung von Mehrfach- und Komplexgattern anzustreben.
Mehrfachgatter nutzen die 8-Transistorzelle vollständig aus (z. B. QINV1 – vier Inverter; DNAND2, DNOR2 – zwei NAND- bzw. NOR-Gatter). Komplexgatter sind zweistufige UND-ODER- oder NAND-NOR-Strukturen, die ebenfalls die 8-Transistorzelle voll nutzen. Bei diesen Gattern werden die Chipflächen effektiv ausgenutzt (Verbesserung der Plazierung und Trassierung möglich) und die Verzögerungszeiten verkürzt (zellinterne Verdrahtung). Mehrfachgatter sollten insbesondere bei regulären, zusammengehörenden Schaltungsstrukturen angewendet werden, da bei ungünstigem Einsatz durch lange Verbindungen auch unnötige Verzögerungszeiten entstehen.
• E-/A-Stufen werden durch Interfacemakros realisiert, die CMOS- und/oder TTL-kompatible Pegel verarbeiten und die Twostate-, Tristate- oder Opendrain-Ausgänge besitzen. Es gibt bidirektionale Treiber zum Anschluß der Gate-Array-Schaltkreise an externe Bussysteme. Die internen Logikgatter besitzen kein solches Ausgangsverhalten, deshalb sind keine internen Bussysteme realisierbar.
• E-/A-Stufen sind nicht gelatcht. Bei Bedarf notwendiger Eingangs- und Ausgangsregister müssen diese aus den verfügbaren LSSD-FFs aufgebaut werden. Bei asynchronen Signalen an den Eingangspins sind zur Synchronisation zusätzliche Flankenauswerteschaltungen notwendig /6/.
• RAM- und ROM-Strukturen sind (noch) nicht verfügbar. Daher müssen diese bei Bedarf durch die verfügbaren LSSD-FFs oder über Multiplexkombinationen erzeugt werden, oder es müssen externe RAM-, ROM- oder EPROM-Schaltkreise genutzt werden.
• PLA-Strukturen (z. B. Dekoder) müssen in eine Randomlogik möglichst unter Nutzung von Komplexgattern umgewandelt werden.
• Hohe Ausgangslastfaktoren (größer 20) sind für die statische Funktion bei Anstieg der Verzögerungszeiten wegen der CMOS-Technologie möglich. Bei zu erfüllenden zeitlichen Vorgaben können zusätzliche Treiber eingefügt werden.

wird fortgesetzt

Literatur

/1/ Müller, D.: Gate-Array und Standardzelle – dominierende Vertreter innerhalb der ASICs. Mikroprozessortechnik, Berlin 3 (1989) 1, S. 21
/2/ Eichelberger, E. B.; Williams, T. W.: A logic design structure for LSI testability. Proc. 14th DAC. 1977, p. 462
/3/ Fischer, W.-J.; Gieseler, M.; Arndt, W.; Sorst, M.; Köhler, Th.: CMOS-Gate-Array-System U 5200. Nachrichtentechnik, Elektronik, Berlin 36 (1986) 1, S. 21
/4/ Benning, K.; Bürger, B.: ASICs 2. Radio, Ferns., Elektron., Berlin 38 (1989) 2, S. 93
/5/ Müller, D.; Fügert, E.: Entwurf von Gate-Array-Schaltkreisen (Teil 2). Mikroprozessortechnik, Berlin 3 (1989) 6, S. 168
/6/ Sorst, M.; Gieseler, M.; Fischer, W.-J.: Gate-Array-System U 5200. Mikroprozessortechnik, Berlin 1 (1987) 1, S. 4

KONTAKT

Technische Universität Karl-Marx-Stadt, Sektion Informationstechnik, Reichenhainer Straße 70, Karl-Marx-Stadt, 9022, Tel. 5613195

Fraktale in Pascal

Berthold Biener, Erfurt

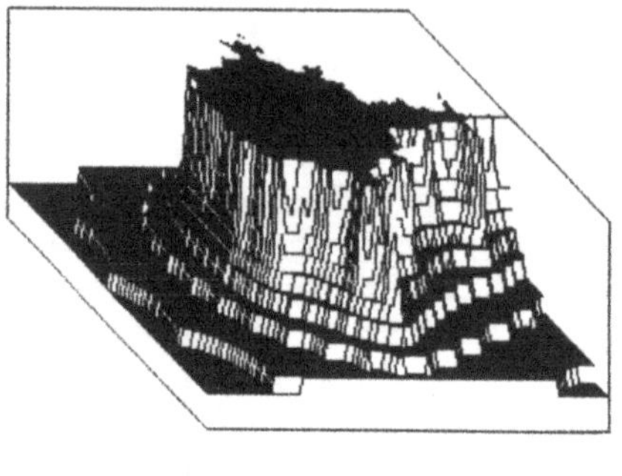

Bild 1 3-D-Darstellung des „Apfelmännchens" Real: −1,20000.. 2,00000 Imag: −1,30000.. 1,30000
Für alle Bilder gilt: Divergenzgrenze 12 Maximale Iterationsanzahl 12

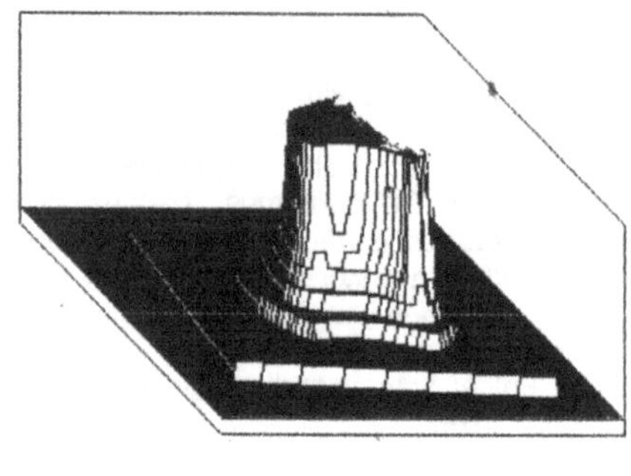

Bild 2 3-D-Darstellung des Konvergenzbereiches der „Rochen"-Funktion Real: −3,00000..4,00000 Imag: −3,00000..4,00000

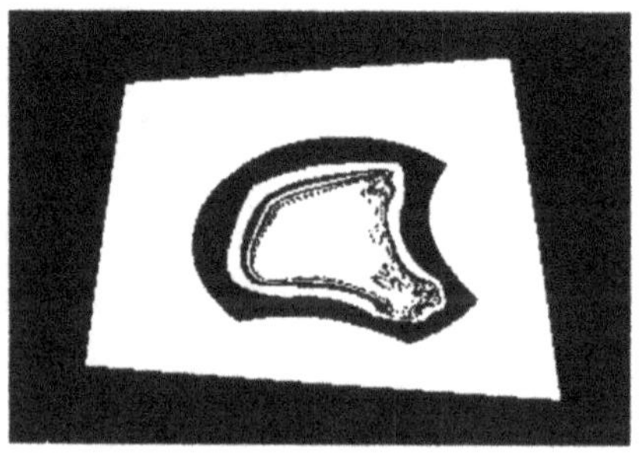

Bild 3 Plandarstellung unter der Verwendung der „Rochen"-Funkion Real: −3,00000..4,00000 Imag: −3,00000..4,00000

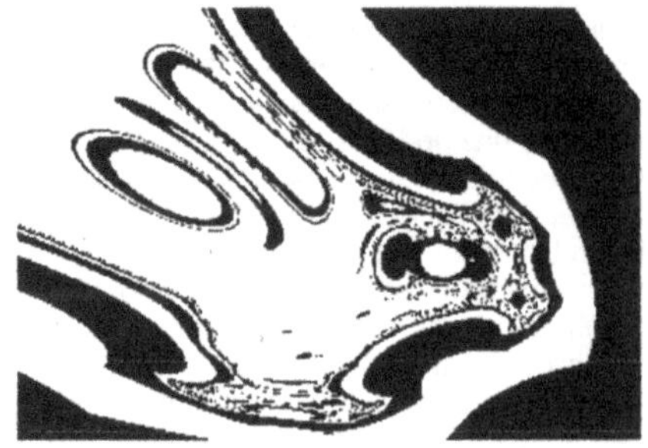

Bild 4 Planardarstellung eines Teilbereiches der „Rochen"-Funktion Real: 1,00000..2,00000 Imag: −1,00000..0,00000

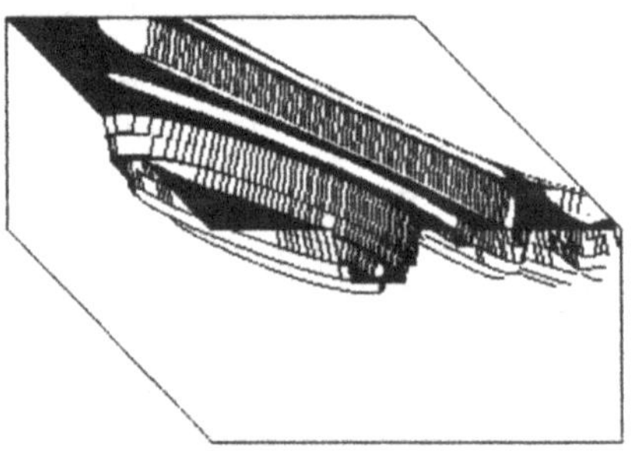

Bild 5 3-D-Darstellung eines Teilbereiches der „Rochen"-Funktion (vergl. Bild 4 oben links) Real: 1,10000..1,60000 Imag: −0,50000..−0,10000

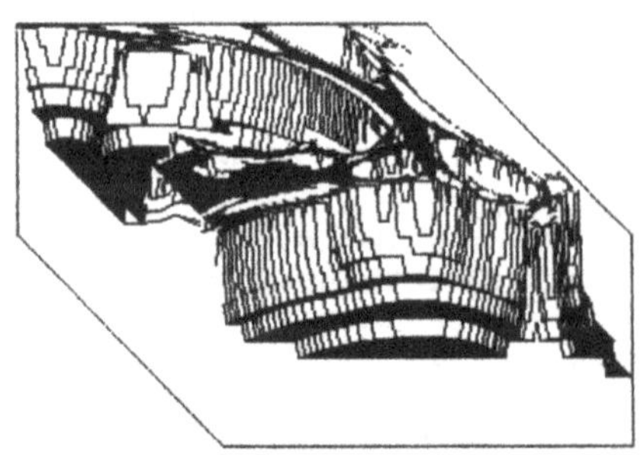

Bild 6 3-D-Darstellung eines Teilbereiches der „Rochen"-Funktion (vergl. Bild 4 rechts) Real: 1,60000..1,85000 Imag: −0,75000..−0,50000

Im Beitrag „Fraktale vom KC 85/3" von Prof. H. Völz wurde in MP 1/88 eine interessante Einsatzmöglichkeit für grafikfähige Kleincomputer vorgestellt /1/. Die angeführten Rechenzeiten bis zu 250 Stunden für ein Bild erscheinen jedoch wenig akzeptabel. Deshalb wird bei vielen interessierten Nutzern der Wunsch aufgekommen sein, ein schnelleres Programm einzusetzen. Dem sind jedoch durch den Basic-Interpreter Grenzen gesetzt. Ein Ausweg ist die Verwendung einer anderen Programmiersprache auf Compilerbasis. Hier bietet sich die Sprache Pascal an, für die ein entsprechender Compiler auch für den KC 85/3 verfügbar ist. Damit lassen sich die Rechenzeiten auf weniger als 10% verkürzen. Das hier vorgestellte Programm benötigt für die Gesamtdarstellung des Apfelmännchens knapp 2 Stunden, während in Basic unter den gleichen Bedingungen 30 Stunden Rechenzeit verbraucht wurden.

Als neue Aspekte enthält das Programm eine weitere zur Fraktalberechnung verwendbare Funktion und eine neue Darstellungsform, beides basierend auf Arbeiten von Prof. Völz. Die Fraktale können nun auch dreidimensional dargestellt werden, wobei die dritte Dimension die Anzahl der erreichten Iterationen für jeden Punkt angibt. Das Programm wurde für KC-PASCAL 2.2 erstellt und am KC 85/3 erprobt (siehe Bild 7 auf Seite 237).

Die Prozedur PLOT übergibt Punktkoordinaten nach der Verknüpfung mit der Farbinformation (konstant gelb) an die PSET-Prozedur des Compilers. Die LINE-Prozedur zeichnet Linien mit der Einschränkung, daß bei betragsmäßigem Anstieg <1 der Verlauf von links nach rechts gehen muß. Diese kann jedoch zur allgemeinen Anwendung der Prozedur durch wenige zusätzliche Programmschritte aufgehoben werden.

Die Prozeduren APFEL und ROCHEN führen die eigentlichen Konvergenzuntersuchungen in einem Punkt aus. Dabei beinhaltet APFEL die bekannte Apfelmännchenfunktion, ROCHEN die angekündigte andere Funktion. Die Anzahl der Iterationen bis zum Abbruch wird über den Parameter M zurückgegeben.

Die Prozedur VELO realisiert die Anfangseinstellung des Minimum-Maximum-Vektors für die Unterdrückung verdeckter Linien in der dreidimensionalen Darstellung durch die Prozedur BERG. Letztgenanntes Unterprogramm wird für jeden zu berechnenden Punkt aufgerufen und prüft dessen Sichtbarkeit. Dabei wurden folgende Vereinfachungen vorgenommen: Die Verbindungslinie vom vorhergehenden Punkt zum aktuellen Punkt wird immer gezeichnet, wenn beide Punkte sichtbar sind, also auch wenn sie teilweise verdeckt wäre. Ist mindestens einer der beiden Punkte unsichtbar, wird keine Verbindungslinie gezeichnet, wodurch einzelne Peaks im Hintergrund als isolierte Punkte dargestellt werden. Auf Grund der hohen Liniendichte wirken sich diese Einschränkungen nicht nachteilig auf die Gesamtdarstellung aus.

Die Prozedur FELD bewirkt den Ablauf der Rechnung in horizontalen Linien. Die Zahl der Bildpunkte ist von der Darstellungsart abhängig. Für die dreidimensionale Darstellung wird mit 100 Linien zu 200 Punkten (Rechenzeit für Beispielgrafik: 10 min), für die planare Darstellung (Rechenzeit für Beispielgrafik: 30 min) mit 214 Linien zu 320 Punkten gearbeitet.

Das Hauptprogramm realisiert die Dateneingabe und einige Vorbereitungsarbeiten. Im Dialog erfolgen die Auswahl von Funktion und Darstellungsart, die Eingabe der Grenzen in X- und Y-Richtung, der maximalen Iterationsanzahl sowie der Divergenzgrenze. Das Programm benötigt neben 4 KBytes für den Quelltext nochmals ca. 4 KBytes für den Maschinencode. Es wurde speicherorientiert compiliert. Die Auskopplung eines selbständigen Maschinenprogramms gelang mit der verwendeten Compilerversion noch nicht.

Literatur

/1/ Völz, H: Fraktale vom KC 85/3, Mikroprozessortechnik, Berlin 2 (1988) 1, S. 27

/2/ Völz, H.: Basic für Fortgeschrittene Teil 1. Rundfunk der DDR, Berlin, Erstsendung: 9. 3. 1988

```
6716
6716  PROGRAM FRAKTALE;
6716  (*L-*)
6716  VAR
671F   G,H,I,J,K,L,M,N,ANZ,T,Z,S,Q,U,V,MD,TYP:INTEGER;
671F   X,Y,XM,XN,YM,YN,DX,DY,A,B,C,D,E,MAX:REAL;
671F   VEC:ARRAY[0..319,0..1] OF INTEGER;
671F   SB,SB0,SB1,SB2:BOOLEAN;
671F   F:CHAR;
671F  PROCEDURE PLOT(G,H:INTEGER);
6722  BEGIN
673A   PSET(G,H+1536)
6751  END;
675E  PROCEDURE LINE(G,H,I,J:INTEGER);
6761  VAR X,Y,DY:REAL;U,V:INTEGER;
6761  BEGIN
6779   IF H=J THEN
6791    BEGIN
6791     FOR U:=G TO I DO PLOT(U,H);
67DC    END;
67DC   IF G=I THEN
67F4    BEGIN
67F4     IF H>J THEN
680D      FOR U:=H DOWNTO J DO PLOT(G,U)
684A     ELSE FOR U:=H TO J DO PLOT(G,U);
68A5    END;
68A5   IF (G<>I) AND (H<>J) THEN
68D4    BEGIN
68D4     DY:=(0.0+J-H)/(0.0+I-G);
6931     IF ABS(DY)<1 THEN
6956      FOR U:=G TO I DO
6983       BEGIN
6986        V:=H+ENTIER(DY*(U-G));
69C9        PLOT(U,V);
69E0       END
69E0     ELSE
69E7      IF J>H THEN
6A00       FOR V:=H TO J DO
6A2D        BEGIN
6A30         U:=G+ENTIER((V-H)/DY);
6A73         PLOT(U,V);
6A8A        END
6A8A       ELSE FOR V:=H DOWNTO J DO
6ABD        BEGIN
6AC0         U:=G+ENTIER((V-H)/DY);
6B03         PLOT(U,V);
6B1A        END;
6B1E    END;
6B1E  END;
6B2D  PROCEDURE APFEL(X,Y:REAL;VAR M:INTEGER);
6B30  BEGIN
6B48   M:=0;
6B57   REPEAT
6B57    C:=A*A-B*B-X;D:=A*B;D:=D+D-Y;
6BEE    M:=M+1;A:=C;B:=D;
6C21   UNTIL (M>ANZ) OR (ABS(A)+ABS(B)>MAX);
6C71  END;
6C7B  PROCEDURE ROCHEN(X,Y:REAL;VAR M:INTEGER);
6C7E  VAR U,V:REAL;
6C7E  BEGIN
6C96   M:=0;
6CA5   REPEAT
6CA5    U:=A*A;V:=B*B;
6CE6    C:=U-V-Y;D:=U+V-X;
6D5C    M:=M+1;A:=C;B:=D;
6D8F   UNTIL (M>ANZ) OR (ABS(A)+ABS(B)>MAX);
6DDF  END;
6DEE  PROCEDURE VELO;
6DF1  BEGIN
6E09   FOR I:=0 TO 319 DO
6E23   BEGIN
6E26   VEC[I,0]:=0;VEC[I,1]:=255;
6E98   END;
6E9B  END;
6EA1  PROCEDURE BERG(X,Y,M,ZMAX:INTEGER);
6EA4  VAR U,V:INTEGER;
6EA4  BEGIN
6EBC   IF X=0 THEN SB0:=FALSE;
6ED5   U:=110+X-Y;
6EFB   V:=10+Y+ENTIER(100.0*(M-1)/ZMAX);
6F4E   SB1:=V<=VEC[U,1];
6F99   SB2:=V>=VEC[U,0];
6FE5   SB:=SB1 OR SB2;
6FF1   IF SB1 THEN VEC[U,1]:=V;
7037   IF SB2 THEN VEC[U,0]:=V;
707D   IF SB AND NOT SB0 THEN PLOT(U,V);
70A3   IF SB AND SB0 THEN LINE(J,G,U,V);
70CF   IF SB THEN
70D6    BEGIN J:=U;G:=V END;
70E8   SB0:=SB;
70EE  END;
70FA  PROCEDURE FELD(Z,S,MD,TYP:INTEGER);
70FD  BEGIN
7115   K:=0;Y:=YM-DY;
7139   WHILE (K<Z) AND (INCH<>'X') DO
7162    BEGIN
7162     Y:=Y+DY;X:=XM-DX;L:=0;
71A0     WHILE L<S DO
71BA      BEGIN
71BA       X:=X+DX;A:=0.5;B:=0.0;
71EE  IF TYP=1 THEN APFEL(X,Y,Q) ELSE ROCHEN(X,Y,Q);
7244        IF MD=2 THEN BERG(L,K,Q,ANZ)
7269        ELSE BEGIN IF (Q MOD 2)=0 THEN PLOT(L,K+8) END;
72A8        L:=L+1;
72AF       END;
72B2    K:=K+1;
72B9   END;
72BC  END;
72C6  BEGIN
72CF  REPEAT
72CF   WRITELN(CHR(12),'FRAKTALE in PASCAL auf KC 85/3');
7305   FOR I:=1 TO 40 DO WRITE('=');
732A   WRITELN('(C) bidat 1988');
7346   WRITELN;WRITELN('FUNKTIONEN:');
7362   WRITELN(' 1 = APFELMAENNCHEN');
7383   WRITELN(' 2 = ROCHEN');
739C   WRITELN(' 0 = ENDE');
73B3   WRITE('AUSWAHL ? ');READ(TYP);
73CE  IF TYP>0 THEN
73E1  BEGIN
73E1   WRITELN;WRITELN('DARSTELLUNG:');
73FE   WRITELN(' 1 = PLANAR');
7417   WRITELN(' 2 = GEBIRGE');
7431   WRITE('AUSWAHL ? ');READ(MD);
744C   WRITELN;WRITELN('PARAMETER:');
7467   WRITE('REALTEIL MIN:');READ(XM);
7489   WRITE('REALTEIL MAX:');READ(XN);
74AB   WRITE('IMAGTEIL MIN:');READ(YM);
74CD   WRITE('IMAGTEIL MAX:');READ(YN);
74EF   WRITE('ITERATIONSANZ:');READ(ANZ);
750E   WRITE('ABBRUCHGRENZE:');READ(MAX);
7531   Z:=214;S:=320;
753D   WRITELN(CHR(12),'FRAKTALE KC 85/3  (C) bidat 1988');
7572   IF MD=2 THEN
7584    BEGIN
7584     Z:=100;S:=200;VELO;
7595     LINE(10,210,10,110);
75AA     LINE(10,110,110,10);
75BF     LINE(110,10,310,10);
75D4     LINE(310,10,310,110);
75E9     LINE(310,110,210,210);
75FE     LINE(10,210,210,210)
760E    END;
7613   DX:=(XN-XM)/S;
763C   DY:=(YN-YM)/Z;
7665   FELD(Z,S,MD,TYP);
767A  WRITELN('REAL:',XM,'..',XN);
76AE  WRITELN('IMAG:',YM,'..',YN);
76E2  READ(F);
76E8   END;
76E8  UNTIL TYP=0;
76FA  END.
```

TERMINE

Fachtagung „Probleme der Organisation beim Aufbau von CIM-Betrieben"
WER? Bezirksverband der Kammer der Technik Halle
WANN? 1. November 1989
WO? Halle
WAS?
- Vorstellung von Ansätzen für CIM-Betriebe, Konzeptionen, Stand
- Beispiele aus der Praxis

WIE? Anfragen richten Sie bitte an: KDT, BVO Halle, Bereich W/T, Geschwister-Scholl-Straße 39, PF 119, Halle, 4060; Tel. 37136.

Große

Der Bezirksfachausschuß Mikroelektronik beim Bezirksvorstand Berlin der KDT führt im zweiten Halbjahr 1989 Spezialkonsultationen zu folgenden Themen durch:

20. Sept.	Mehrprozessorsysteme für Echtzeitverarbeitung
11. Okt.	PC-Einsatz für den Leiterplattenentwurf und für die mechanische Konstruktion
8. Nov.	Entwicklungsumgebung und Anwendungsbeispiele für den digitalen Signalprozessor
20. Dez.	Anwendungen von digitalen Signalprozessoren

Änderungen sind dem Bezirksfachausschuß Mikroelektronik vorbehalten.
Die Teilnahme an den Konsultationen bedarf keiner Anmeldung und ist kostenlos.
Die Konsultationen finden jeweils 14.00 Uhr im Haus der KDT, 1080 Berlin, Kronenstraße 18, statt.

Driese

Fachtagung „Neue Erkenntnisse der Mikroelektronik/Mikrorechentechnik"
WER? Bezirksverband der Kammer der Technik Halle
WANN? 19. und 20. September 1989
Wo? Halle
WAS?
- Industriecomputer (16 und 32 Bit)
- Prozessortechnik, Betriebssysteme
- Grafiksysteme
- Softwaretechnologien

WIE? Anfragen richten Sie bitte an: KDT, BVO Halle, Bereich W/T, Geschwister-Scholl-Straße 39, PF 119, Halle, 4060; Tel. 37136

Große

Bildschirmsteuerung unter Turbo-Pascal 4.0 und DCP

Dr. Peter Zschockelt

Die standardmäßig für monochrome Bildschirme in Turbo-Pascal vorhandenen Ausgabemöglichkeiten beschränken sich auf eine unterschiedliche Helligkeit der Zeichen. Für optisch ansprechende Bildschirmdarstellungen ist jedoch auch die Nutzung von inversen, blinkenden und unterstrichenen Zeichen wünschenswert. Dazu sind eigene Ausgaberoutinen erforderlich. Nachfolgend wird eine mögliche, einfache Lösung vorgeschlagen, die auch für Anwender mit geringen Betriebssystemkenntnissen verständlich ist. Sie basiert auf der Nutzung der DOS-Funktion 09H (Übergabe von Zeichenketten an das Betriebssystem). Bewußt wurde die Prozedur **Writi** im nachfolgenden Programm-Quelltext ähnlich der standardmäßigen Pascal-Prozedur **Write** gestaltet. Die Ausgabe von Zeichen auf den Bildschirm kann gemischt mittels Write, Writeln oder Writi (bzw. im Beispiel mittels Textxy) erfolgen.

Voraussetzung für eine Nutzung ist aber, daß vom Betriebssystem die ANSI-Steuersequenzen (Datei ANSI.SYS) geladen wurden. Diese Voraussetzung dürfte jedoch bei der üblichen Betriebsweise der 16-Bit-Rechner unter DCP im allgemeinen erfüllt sein.

Der nachfolgende Programm-Quelltext wurde für die Version 4.0 von Turbo-Pascal geschrieben. In dieser Version ist als Interface zur Nutzung der Pascal-Prozeduren MsDos und Intr der Datentyp

```
Registers=RECORD
  case Integer of
  0: (AX, BX, CX, DX, BP, SI,
      DI, DS ES, Flags: Word);
  1: (Al, AH, BL, BH, CL, CH,
      DL, DH: Byte);
  END;
```

standardmäßig vorhanden. In der Version 3.xx muß hingegen die Vereinbarung des Records durch den Programmierer erfolgen. Auf weitere Unterschiede wird – soweit erforderlich – im Quelltext mit Kommentaren hingewiesen.

Im Interesse der leichten Verständlichkeit wurde in der dargestellten Lösung das Sonderfunktionen erfüllende Währungszeichen 24H (Abschluß der übergebenen Zeichenkette) einfach durch das Zeichen @ ersetzt. Für die Mehrzahl aller Anwendungen dürfte das ausreichen. Eine komfortable Lösung ist möglich, wenn in der Ausgabekette vorhandene Währungszeichen als Einzelzeichen mit der Betriebssystemfunktion 02H (an Stelle von 09H) ausgegeben werden. Dazu muß das Zeichen im Register DL stehen. Die von der Funktion 09H benutzten Register DS und DX werden hier nicht belegt.

Die dargestellte Lösung ist kompatibel zu allen Rechnertypen unter DCP. Sie ermöglicht ferner eine relativ einfache Umstellung der für den A 7100 entwickelten Turbo-Pascal-Programme auf DCP. Bei der Neuentwicklung von Programmen können unter der Voraussetzung einer homogenen Hardwarebasis natürlich auch die Turbo-Pascal-Prozeduren Textbackground und Textcolor benutzt werden.

```
{$I+}    {I/O-Pruefung an}

{ Demonstrationsprogramm zu den Prozeduren                         }
{ "Bildschirmausgabe mit Sonderfunktionen unter TURBO 4            }
{ Hochschule fuer Oekonomie * Sektion Wirtschaftsinformatik }
{                            * Programmierer:     Zschockelt }

Program DEMO4;
uses                              { entfaellt fuer Version 3.xx }
  Crt,
  Dos;
TYPE
     Str_8  =STRING[8];
     BS_Typ =STRING[80];
     Str_121=STRING[121];
VAR
     ESC,Norm,Hell,Inv,NUnt,HUnt,NBli,HBli:Str_8;

{ ---------------------------------------------------------- }
{ SPEZIELLE PROZEDUREN ZUR BILDSCHIRMAUSGABE VON ZEICHEN IN }
{ INVERSER, BLINKENDER UND UNTERSTRICHENER DARSTELLUNG      }
{ ---------------------------------------------------------- }

{ Initialisierung der Konstanten zur Bildschirmsteuerung    }

PROCEDURE BildInit
          (Var ESC,Norm,Hell,Inv,NUnt,Hunt,NBli,HBli:Str_8);
CONST CNorm='[0m'; CHell='[1m'; CInv='[7m'; CUnt='[4m';
      CBli='[5m';
BEGIN
  ESC:=CHR(27); Norm:=ConCat(ESC,CNorm);
  Hell:=ConCat(ESC,CHell); Inv:=ConCat(Norm,ESC,CInv);
  NUnt:=ConCat(Norm,ESC,CUnt); HUnt:=ConCat(Hell,ESC,CUnt);
  NBli:=ConCat(Norm,ESC,CBli); HBli:=ConCat(Hell,ESC,CBli);
END;

{ Ausgabe mit ESCAPE-Folgen  ( DOS-Funktion 09H )          }

PROCEDURE WRITI (INFORMATION : Str_121);
VAR  ESC_sequenz:string[121];
     regs:Registers;
     { in Version 3.xx Register selbst definieren,          }
     { Typ Integer statt Word, z. B.:                       }
     { TYPE Registers=record ax,bx,...,es,flags:integer; }
     { oder als RECORD mit variantem Teil (free unions), }
     { analog zum Standard in TURBO PASCAL 4.0              }
     i:integer;
     KB:string[120];
BEGIN
KB:=INFORMATION;
{ Ersatz der Waehrungszeichen 24H (Pascal=#36/$24) durch @ }
i:=Pos(#36,KB);
While i>0 do begin
               Delete(KB,i,1); Insert('@',KB,i);
               i:=Pos(#36,KB)
             end;
{ Ende der Zeichenumwandlung #36 (24H) in  @ . Wenn       }
{ diese Loesung unbefriedigend ist, DOS-Funktion 02H mit }
{ Uebergabe des Zeichens #36 in Register dl verwenden     }

ESC_sequenz:=concat(KB,#36);
regs.ax:=$0900;    { '$' (Dollarzeichen) steht fuer das    }
                   { auf der jeweiligen Tastatur uebliche  }
                   { Pascal-Zeichen zur Bezeichnung hexa-  }
                   { dezimaler Ziffern                     }
regs.ds:=seg(ESC_sequenz);
regs.dx:=ofs(ESC_sequenz)+1;
MsDos(regs);                      { Ausgabe Zeichenkette }
END;

{ Bildschirmausgabe ab Position x,y                          }

PROCEDURE Textxy (x,y:integer; zeile:bs_typ);
 BEGIN Gotoxy(x,y); Writi(zeile); END;

{ ---------------------------------------------------------- }
{ ENDE DER PROZEDUREN                                        }
{ Fortsetzung des Demonstrationsprogramms                    }
{ ---------------------------------------------------------- }

BEGIN
ClrScr;
BildInit(ESC,Norm,Hell,Inv,NUnt,HUnt,NBli,HBli);
Textxy(2,1,Inv+' DEMONSTRATIONSPROGRAMM ZUR VERWENDUNG  +
      'DER BILDSCHIRMAUSGABE-PROZEDUREN '+Norm);
Textxy(2,5,Norm+' Normaler             Text '+Norm);
Textxy(2,6,Hell+' Heller               Text '+Norm);
Textxy(2,7,Inv +' Inverser             Text '+Norm);
Textxy(2,8,NUnt+' Normal-Unterstr.  Text '+Norm);
Textxy(2,9,NBli+' Normal-Blinkender Text '+Norm);
Textxy(25,11,Inv+' ENDE DER DEMONSTRATION '+Norm);
END.

{ --------------------------------------------------------- }
{ Ende des Demonstrationsprogramms                          }
{ --------------------------------------------------------- }
```

TERMINE

2. MIDI-Informationsbörse

WER? Kulturhaus im Ernst-Thälmann-Park, Computerclub
WANN? 29. Oktober 1989, 10.00 bis 18.00 Uhr
WO? Berlin

WAS? Rund um den MIDI-Standard wird informiert, vorgetragen und ausgetauscht.
WIE? Schriftliche Anmeldungen, Themenwünsche und Vorschläge für Beiträge richten Sie bitte unter dem Kennwort MIDI an: Kulturhaus im Ernst-Thälmann-Park, Computerclub, Dimitroffstraße 101, Berlin, 1055.

Schellhorn

Turbo-Pascal-Praxis

Teil 2

Manfred Zander, Dresden

Im Teil 1 unseres Kurses (s. MP 6/89, S. 175) wurden die Programmierung einer positionierten, absturzfesten Eingabe und die Auswahl mit Menüs dargestellt sowie die Arbeit mit Fenstern eingeleitet. Wir endeten mit dem Bild 9 und dem Vorstellen der Grundprozeduren. Der Teil 2 setzt nun hier fort und behandelt den Komplex Fenstertechnik.

Mit der Prozedur inslinedown (vgl. Bild 9 im Teil 1) ist es nun möglich, unter einem Tabellenkopf, der fest auf dem Bildschirm steht, immer wieder neue Zeilen zu erfassen, und bereits erfaßte auch unten wegrollen zu lassen. Hier ein kurzer Programmauszug, der dies zeigt.

```
writexy(1,10,'Name                Vorname');
writexy(1,11,'-------------------------------');
repeat
  inslinedown(12);
  read(namen[i]);gotoxy(20,12);
  read(Vornamen[i];i:=i+1
until namen [i-1]='';
```

Besteht der Wunsch, das Wegrollen der Zeilen nur bis zu einer bestimmten Zeile zuzulassen, das heißt sowohl einen Tabellenkopf als auch einen Tabellenfuß fest auf dem Bildschirm zu belassen, kann die Prozedur inslinedownbis (Bild 9) genutzt werden. Sie schränkt den Bereich vertikal ein, in dem das Wegrollen der Zeilen erfolgen soll. Zuerst errechnet sie die Anzahl der zu verschiebenden Bildschirmzeichen, die in der Variablen z gespeichert wird. Für die Variablen u und w werden Offsetwerte bestimmt, gerechnet ab der Adresse des Bildschirmanfangs. Der Offsetwert u gibt dabei die Adresse für das erste zu verschiebende Zeichen, und der Offsetwert w die neue Addresse für dieses Zeichen an. Die Errechnung der wirklichen Adressen erfolgt erst in der inline-Anweisung, in der wieder ein zyklischer Ladebefehl des Prozessors genutzt wird.

Die beiden Parameter der Prozedur inslinedownbis spezifizieren in ihrer Reihenfolge die erste Zeile, die wegrollen soll, also die Position der einzufügenden Leerzeile und die letzte wegzurollende Zeile, das heißt die Zeile, die aus dem Bereich herausgerollt und damit vom Bildschirm gelöscht werden soll. Damit ist dies die erste Prozedur, die eine Art Fenster auf dem Bildschirm behandelt. Der Aufruf:

Inslinedownbis(10,13);

würde die folgende Zeilenbewegung hervorrufen:

10. Zeile auf die 11. Zeile
11. Zeile auf die 12. Zeile
12. Zeile auf die 13. Zeile

Die 10. Zeile ist danach leer, und der Inhalt der ursprünglichen 13. Zeile ist nicht mehr auf dem Bildschirm vorhanden. Wir haben also eine vertikale Fensterbegrenzung erreicht.

Nun gilt es auch noch, eine horizontale Eingrenzung zu erreichen, wie es ja für ein Fenster typisch ist. Als erstes wollen wir die Prozedur inslinedownin vorstellen (Bild 10). In ihr wird zuerst wieder die Länge der Teilzeilen bestimmt, die auf dem Bildschirm nach unten verschoben werden sollen. Da diese Teilzeilen nun nicht mehr lückenlos im Hauptspeicher hintereinander stehen, muß die Berechnung der Offsetadressen für jede Zeile, die verschoben werden soll, einzeln erfolgen. Mit der Inline-Anweisung wird nun auch jeweils nur eine Teilzeile auf ihre neue Position gebracht.

Das abschließende Löschen der einzufügenden Zeile am oberen Rand des zu behandelnden Fensters kann nun nicht mehr durch die Ausgabe eines Bildschirmsteuerzeichens erfolgen. Wir sind gezwungen, jedes einzelne Zeichen dieser Fensterzeile mit einem Leerzeichen zu überschreiben und den Kursor danach an ihren Anfang zu positionieren.

Die Prozedur inslinedownin benötigt nun bereits vier Parameter, die den zu verschiebenden Bereich eingrenzen. X1 und Y1 definieren den oberen linken Eckpunkt des Bereiches, die Parameter X2 und Y2 den unteren Eckpunkt des zu rollenden Bereiches auf dem Bildschirm. Mit dieser Prozedur sind wir jetzt in der Lage, die oberste Zeile des angegebenen Fensters mit einer Leerzeile zu füllen und alle anderen im Fenster enthaltenen Zeilen nach unten wegrollen zu lassen. Dabei bleibt der komplette Bildschirm, der nicht innerhalb der beiden Eckpunkte liegt, unverändert. Ein typischer Aufruf der Prozedur wäre beispielsweise

```
procedure inslinedownin(x1,y1,x2,y2:integer);
  var i,o,u,z:integer;
  begin
    z:=x2-x1+1;
    for i:=y2 downto y1+1 do begin
      u:=(i-1)*80+x2-1; o:=u-80;
      inline($21/$00/$f8/  (*LD HL,BS-Anfang   *)
             $ED/$4b/u/    (*LD BC,(u)         *)
             $09/          (*ADD HL,BC         *)
             $EB/          (*EX DE,HL          *)
             $21/$00/$f8/  (*LD HL,BS-Anfang   *)
             $ed/$4b/o/    (*LD BC,(o)         *)
             $09/          (*ADD HL,BC         *)
             $ed/$4b/z/    (*LD BC,(z)         *)
             $ed/$b8);end: (*LDDR              *)
    gotoxy(x1,y1);
    for i:=x1 to x2 do write(' ');
    gotoxy(x1,y1)
  end;

procedure  inslineupin(x1,y1,x2,y2:integer);
  var i,o,u,z:integer;
  begin
    z:=x2-x1+1;
    for i:=y1+1 to y2 do begin
      u:=(i-1)*80+x2-1; o:=u-80;
      inline($21/$00/$f8/   (*LD HL,BS-Anfang   *)
             $ED/$4b/o/     (*LD BC,(o)         *)
             $09/           (*ADD HL,BC         *)
             $EB/           (*EX DE,HL          *)
             $21/$00/$f8/   (*LD HL,BS-Anfang   *)
             $ed/$4b/u/     (*LD BC,(u)         *)
             $09/           (*ADD HL,BC         *)
             $ed/$4b/z/     (*LD BC,(z)         *)
             $ed/$b8);end;  (*LDDR              *)
    gotoxy(x1,y2);
    for i:=x1 to x2 do write(' ');
    gotoxy(x1,y2)
  end;
```

Bild 10 Grundprozeduren der Fenstertechnik

inslinedownin(30,10,70,15);

Durch geeignete Wahl der Eckpunkt-Parameter kann mit dieser Prozedur auch die Funktion der bereits vorgestellten Prozeduren inslinedown und inslinedownbis nachgestaltet werden. Natürlich wollen wir auch in der Lage sein, innerhalb eines Fensters auf der letzten Zeilenposition eine Leerzeile einzufügen und dabei alle anderen Zeilen innerhalb des Fensters nach oben wegrollen zu lassen. Dies wird mit der folgenden Prozedur inslineupin erreicht. Da ihre innere Struktur fast völlig der Prozedur inslinedownin entspricht, muß ihre Funktion nicht näher erläutert werden.

Arbeiten mit den Fenstern

Mit den beiden Prozeduren inslinedownin und inslineupin haben wir jetzt die notwendigen Hilfsmittel, um auf dem Bildschirm mit Fenstern operieren zu können. Die Benutzung dieser Prozeduren für mehere Fenster ist aber recht mühsam, da ihnen stets die Eckpunktkoordinaten des zu behandelnden Fensters übergeben werden müssen. Es ergibt sich also die Notwendigkeit, auch einige logische Hilfsmittel zur Nutzung der Fenster zu entwerfen, die uns die Verwaltung der konkreten Koordinaten abnehmen. Dies wird vor allem dann notwendig, wenn wir die Fenster samt Inhalt über den Bildschirm verschieben wollen, da sich die aktuellen Eckpunkte nach jeder Verschiebeoperation natürlich ändern. Zur Verwaltung der Fensterkoordinaten nutzen wir ein Feld, in dem die Informationen gesammelt werden, die die jeweils deklarierten Fenster kennzeichnen (Bild 11).

In dem definierten Array wins können nun die Daten von fünf Fenstern gespeichert werden. Dabei ist jedes Fenster durch vier Integerwerte definiert, die die Eckpunkt-Koordinaten der Fenster repräsentierten, sowie durch ein Zeichen, in dem wir den ASCII-Wert speichern wollen, mit dem das Fenster bei Bedarf umrahmt werden soll. Zum Füllen dieser Felder nutzen wir die folgende Prozedur windowdef. Durch diese Vereinbarungen zur Verwaltung der Fensterwerte können wir nun die Bedienung der Prozeduren inslinedownin und inslineupin wesentlich vereinfachen. Die beiden Prozeduren InWindowDown und InWindowUp übernehmen die korrekte Füllung der Parameterlisten der Prozeduren inslinedownin und inslineupin mit den Koordinaten, die für das zu behandelnde Fenster im Array wins gespeichert sind.

Wurden mit Hilfe der Prozedur windowdef die Koordinaten der Fenster einmalig festgelegt, braucht sich der Programmierer also im weiteren nicht mehr um die konkreten Koordinaten der einzelnen Fenster zu kümmern. Durch die Anwendung der neuen Prozeduren InWindowDown und InWindowUp genügt es völlig, die Nummer des zu behandelnden Fensters anzugeben. Diesen Service wollen wir auch für alle weiteren Fenster-Behandlungen erreichen. Als nächstes wollen wir

```
const FensterAnzahl = 5;
var   wins : array[1..FensterAnzahl] of
               record
                 x1,y1,x2,y2:integer;
                 c:char
               end;


procedure windowdef(i,x1,y1,x2,y2:integer;c:char);
  begin
    wins[i].x1:=x1;     wins[i].x2:=x2;
    wins[i].y1:=y1;     wins[i].y2:=y2;
    wins[i].c:=c
  end;


procedure InWindowDown(i:integer);
  begin
    inslinedownin(wins[i].x1,wins[i].y1,wins[i].x2,wins[i].y2)
  end;


procedure InWindowUp(i:integer);
  begin
    inslineupin(wins[i].x1,wins[i].v1,wins[i].x2,wins[i].y2)
  end;
```

Bild 11 Logische Bedienung der Fenster

```
procedure Rahmen(x1,y1,x2,y2:integer;c:char);
  var i:integer;
  begin
    write(kursoroff);gotoxy(x1,y1);
    for i:=x1 to x2 do if c='¦' then write('-') else write(c);
    for i:=y1+1 to y2-1 do
      begin
        gotoxy(x1,i);write(c); gotoxy(x2,i);write(c)
      end;
    gotoxy(x1,y2);
    for i:=x1 to x2 do if c='¦' then write('-') else write(c);
    write(kursoron)
  end;


procedure WindowWrite(i:integer);
  begin
    Rahmen(wins[i].x1-1,wins[i].y1-1,wins[i].x2+1,wins[i].y2+1,wins[i].c)
  end;
```

Bild 12 Umrahmen von Fenstern

```
procedure WriteDown(i:integer;str:string80);
  var l:integer;
  begin
    InWindowDown(i);
    l:=wins[i].x2-wins[i].x1+1;
    if length(str)> l then str:=copy(str,1,l);
    write(str)
  end;


procedure WriteUp(i:integer;str:string80);
  var l:integer;
  begin
    InWindowUp(i);
    l:=wins[i].x2-wins[i].x1+1;
    if length(str)> l then str:=copy(str,1,l);
    write(str)
  end;


function holeRin(i:integer;str:string80):real;
  var Io:integer;
      s:string80;
      r:real;
  begin
    repeat
      writeUp(i,str+'=');        (* Ausgabe der Eingabeaufforderung *)
      read(s);                   (* Einlesen eines Strings          *)
      val(s,r,Io)                (* Umwandlung des Strings in real  *)
    until Io=0;                  (* bis Umwandlung Io ist           *)
    holeRin:=r
  end;


procedure ReadWriteInWindow(i:integer;var str:string80);
  var l,d:integer; c:char;
  begin
    inwindowdown(i); str:='';d:=0;
    l:=wins[i].x2-wins[i].x1+1;
    repeat
      read(kbd,c);
      if c<>#13 then write(c);
      str:=str+c;d:=d+1;
      if c = #8 then
        begin
          str:=copy(str,1,length(str)-2);
          write(#$20,#8);d:=d-2;
        end;
      if c = #127 then d:=d-2
    until (c = #13) or (l=d)
  end;
```

Bild 14 Schreiben und Lesen in Fenstern

unsere Fenster umrahmen. Dazu schreiben wir zuerst die Prozedur Rahmen (Bild 12), die die konkreten Koordinaten benötigt, und dann die Prozedur WindowWrite, die die erste leichter bedienbar macht. Die Prozedur Rahmen realisiert das Umrahmen eines Bildschirmbereiches mit dem angegebenen ASCII-Zeichen. Eine Sonderbehandlung erfährt das Zeichen |. Wird es angegeben, so werden die waagerechten Begrenzungen nicht mit dem ASCII-Zeichen selbst, sondern mit einem Minus-Zeichen aufgebaut. Die Prozedur WindowWrite realisiert in bewährter Weise die Bereitstellung der konkreten Koordinaten und des ASCII-Zeichens, welches für den Rahmen verwendet werden soll. Zu ihrer Nutzung ist wiederum lediglich die Angabe der Fenster-Nummer notwendig. Hier nun wollen wir ein kurzes Beispiel für die Nutzung und die Wirkung der bisherigen Prozeduren angeben:

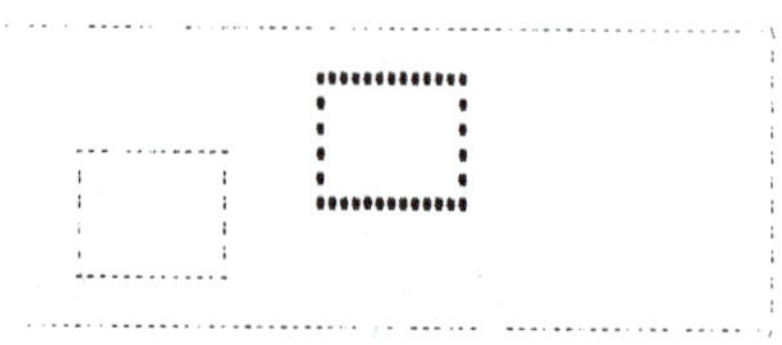

Bild 13 Bildschirm mit umrahmten Fenstern

```
...
Windowdef(1,10,3,20,6,'|');
Windowdef(2,30,6,40,9,'#');
WindowWrite(1);
WindowWrite(2);
...
```

Mit Hilfe dieser vier Anweisungen wird das in Bild 13 veranschaulichte Bildschirmaussehen realisiert.

In Bild 14 folgen zwei Prozeduren, mit denen wir in diese nun definierten und auf dem Bildschirm gekennzeichneten Fenster schreiben können. Es sind deshalb zwei Prozeduren vorgesehen, da wir ja das Rollen in den Fenstern sowohl aufwärts als auch abwärts ermöglichen wollen. Die Prozedur WriteDown, der die Nummer des betreffenden Fensters und der auszugebende Text übergeben wird, rollt zuerst den kompletten Fensterinhalt um eine Zeile nach unten. Der neu in das Fenster zu schreibende Text wird dann in die geschaffene Leerzeile am oberen Rand des Fensters geschrieben. Die Prozedur WriteUp dagegen schiebt den Fensterinhalt nach oben und schreibt auf der untersten Fensterzeile.

In beiden Prozeduren wird garantiert, daß zu langer Text nicht über das jeweilige Fenster hinaus geschrieben wird, sie sorgen selbständig für eine neue Zeile im Fenster, auf der der Text dann geschrieben wird. Bild 15 zeigt das erzeugte Bildschirmaussehen. Selbstverständlich müssen die genutzten Fenster 1 und 2 vor diesen Anweisungen erst mit der Prozedur windowdef deklariert und mit der Prozedur WindowWrite gezeichnet worden sein.

```
...
writeDown(1,'Erster');
writeUp(2,'Zweiter');
writeDown(1,'Dritter');
writeUp(2,'Vierter');
writeUp(2,'Zu langer Text für das Fenster');
...
```

So wie wir mit den Prozeduren WriteDown und WriteUp in die Fenster geschrieben haben, ist es natürlich auch möglich, in den Fenstern positioniert zu lesen. Allerdings ist es hierbei kaum möglich, Prozeduren zu entwik-

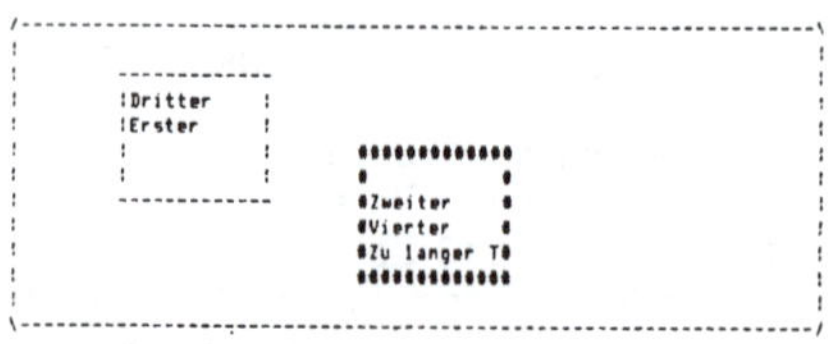

Bild 15 Der Rahmen begrenzt das Fenster, auch wenn der Text zu lang ist.

keln, die allen möglichen Ansprüchen gleichermaßen genügen. Hier soll nur eine Variante angeboten werden. Jeder Programmierer kann sich dann selbst schreiben, was für das jeweils von ihm zu lösende Problem passend ist. Die folgende Funktion holeRin bewirkt die Ausgabe eines Nutzertextes auf die im Fenster eingefügte Leerzeile und dahinter das Einlesen einer Real-Zahl. Das Abfangen von Fehleingaben wurde selbstverständlich ebenfalls gleich in der Funktion selbst realisiert.

Für die Nutzung der Funktion holeRin wollen wir uns wieder ein kleines Anwendungsbeispiel ansehen:

```
...
writeUp(1,'Maße fuer');
writeUp(1,'Kreiszyl.');
Ra:=holeRin(1,'Radius');
Ho:=holeRin(1,'Höhe');
...
```

Wenn wir annehmen, daß sich der Bediener einmal vertippt hat, so ergibt sich das in Bild 16 dargestellte Bildschirmaussehen. Dabei soll nicht verschwiegen werden, daß die angegebene Funktion keinen Schutz davor bietet, daß der Bediener aus dem Fenster hinausschreibt. Einen Schutz vor dem Überschreiben des Fensterbereiches bei der Eingabe von Daten durch den Nutzer gewährleistet zum Beispiel die Prozedur ReadWriteInWindow (Bild 14). Die erfordert aber eine etwas vom Gewohnten abweichende Eingabeführung und ist somit nicht überall anwendbar.

Nun fehlen uns noch einfache Hilfsmittel, die den Inhalt eines Fensters oder ein komplettes Fenster mit Rahmen vom Bildschirm löschen. Um den Aufwand hierfür so gering wie möglich zu belassen, nutzen wir wieder schon vorhandene Prozeduren. Die Prozedur windowclear (Bild 17) schiebt den betreffenden Fensterinhalt nach unten hinaus, indem sie die dafür erforderliche Anzahl von Leerzeilen in das Fenster einfügt. Die Nutzung der Prozedur InWindowDown für diese Aufgabe ist willkürlich gewählt. Mit der Prozedur InWindowUp könnte man den Fensterinhalt auch nach oben wegschieben. Die in Bild 17 angegebene Prozedur killwindow ist nicht zwingend notwendig. Ihre Funktion in der hier angegebenen Form basiert komplett auf bereits vorgestellten Komponenten der Fenstertechnik. Zuerst erfolgt die logische Vergrößerung des Fensters, welches vom Bildschirm gelöscht werden soll. Das neu definierte Fenster enthält nun auch den Rahmen des ursprünglich definierten. Somit entspricht das Löschen des neuen Fensterinhalts dem Löschen des alten Fensters mit Rahmen.

Verschieben von Fenstern

Wir haben uns nun alle Prozeduren geschaffen, um mit den fest deklarierten Fenstern zu arbeiten. Es fehlen nur noch Hilfsmittel, um bereits deklarierte und gezeichnete Fenster logisch und auf dem Bildschirm zu verschieben. Diese vier Prozeduren sind alle so geschrieben, daß die Fenster, an den Rand des Bildschirmes gefahren, immer kleiner werden. Konflikte treten erst dann auf, wenn die Fenster nur noch eine Zeile hoch oder eine Spalte breit sind. Um diese Konflikte zu vermeiden, sind äußere Maßnahmen erforderlich. Das Wandern der Fenster auf dem Bildschirm wird mit den Prozeduren in den Bildern 18 und 19 angewiesen. Dabei wurde, wenn möglich, wieder auf bereits vorhandenes zurückgegriffen. Das Wirkprinzip der Prozeduren windowtief und windowhoch (Bild 18) ähnelt dem der Prozedur kollwindow. Es wird dabei davon ausgegangen, daß das Verschieben eines kompletten Fensters nach unten oder nach oben genau dem Verschieben eines Fensterinhaltes mit korrigierten Koordinaten äquivalent ist. Nach dem Verschieben des Fensters auf dem Bildschirm wird dann die Berichtigung der neuen gültigen Eckpunkt-Werte im array wins vorgenommen.

Für das Wandern der Fenster nach rechts bzw. nach links war es aber notwendig, wieder **InLine-Maschinen-Code** zu nutzen, da ja keine Prozeduren für ein horizontales Verschieben von Fensterinhalten vorgesehen sind. Der innere Aufbau der Verschiebe-Prozeduren windowrechts und windowlinks (Bild 19) entspricht vom Prinzip her wieder

```
 -------------
 !Kreiszyl.   !
 !Radius= 5,6!
 !Radius= 5.6!
 !Hoehe = 3   !
 -------------
                    ##############
                    #            #
                    #Zweiter     #
                    #Vierter     #
                    #Zu langer T#
                    ##############
```

Bild 16 Bildschirm nach der Eingabe in ein Fenster

```
procedure windowclear(i:integer);
  var z:integer;
  begin
    write(korsoroff);
    for z:=0 to wins[i].y2-wins[i].y1 do
      InWindowDown(i);
    write(kursoron)
  end;

procedure killwindow(i:integer);
  begin
    windowdef(i,wins[i].x1-1,wins[i].y1-1,wins[i].x2+1,wins[i].y2+1,' ');
    windowclear(i)
  end;
```

Bild 17 Lösch-Prozeduren

```
procedure windowtief(i:integer):
  begin
    if wins[i].y2=23 then wins[i].y2:=22;
    inslinedownin(wins[i].x1-1,wins[i].y1-1,wins[i].x2+1,wins[i].y2+2);
    windowdef(i,wins[i].x1,wins[i].y1+1,wins[i].x2,wins[i].y2+1,wins[i].c);
    if wins[i].y2=23 then windowwrite(i)
  end;

procedure windowhoch(i:integer):
  begin
    if wins[i].y1=2 then wins[i].y1:=3;
    inslineupin(wins[i].x1-1,wins[i].y1-2,wins[i].x2+1,wins[i].y2+1);
    windowdef(i,wins[i].x1,wins[i].y1-1,wins[i].x2,wins[i].y2-1,wins[i].c);
    if wins[i].y1=2 then windowwrite(i)
  end;
```

Bild 18 Vertikales Verschieben von Fenstern

Bild 19 Horizontales Verschieben von Fenstern

```
procedure windowrechts(i:integer);
  var v,h,z,j:integer;
  begin
    if wins[i].x2=79 then wins[i].x2:=78;
    z:=wins[i].x2-wins[i].x1+3;
    for j:=wins[i].y1-1 to wins[i].y2+1 do
      begin
        v:=(j-1)*80+wins[i].x2;h:=v+1;
        inline($21/$00/$f8/  (* LD HL,BS-Anfang *)
               $ed/$4b/h/    (* LD BC,(h)       *)
               $09/          (* ADD HL.BC       *)
               $eb/          (* EX DE,HL        *)
               $21/$00/$f8/  (* LD HL,BS-Anfang *)
               $ed/$4b/v/    (* LD BC,(v)       *)
               $09/          (* ADD HL,BC       *)
               $ed/$4b/z/    (* LD BC,(z)       *)
               $ed/$b8);     (* LDDR            *)
      end;
    for j:=wins[i].y1-1 to wins[i].y2+1 do
      begin
        gotoxy(wins[i].x1-1,j);write(' ')
      end;
    wins[i].x1:=wins[i].x1+1;wins[i].x2:=wins[i].x2+1;
    if wins[i].x2=79 then windowwrite(i)
  end;

procedure windowlinks(i:integer);
  var v,h,z,j:integer;
  begin
    if wins[i].x1=2 then wins[i].x1:=3;
    z:=wins[i].x2-wins[i].x1+3;
    for j:=wins[i].y1-1 to wins[i].y2+1 do
      begin
        v:=(j-1)*80+wins[i].x1-3;h:=v+1;
        inline($21/$00/$f8/  (* LD HL,BS-Anfang *)
               $ed/$4b/v/    (* LD BC,(v)       *)
               $09/          (* ADD HL,BC       *)
               $eb/          (* EX DE,HL        *)
               $21/$00/$f8/  (* LD HL,BS-Anfang *)
               $ed/$4b/h/    (* LD BC,(h)       *)
               $09/          (* ADD HL,BC       *)
               $ed/$4b/z/    (* LD BC,(z)       *)
               $ed/$b0);     (* LDIR            *)
      end;
    for j:=wins[i].y1-1 to wins[i].y2+1 do
      begin
        gotoxy(wins[i].x2+1,j);write(' ')
      end:
    wins[i].x1:=wins[i].x1-1;wins[i].x2:=wins[i].x2-1 ;
    if wins[i].x1=2 then windowwrite(i)
  end;
```

den am Anfang vorgestellten Prozeduren inslinedwonin und inslineupin. Schließlich ist das horizontale Verschieben ja auch wieder nichts weiter als ein Einfügen einer Leerspalte mit Verschiebung des restlichen Fensterinhalts. Auch diese beiden Prozeduren bewirken neben dem Verschieben des kompletten Fensters auf dem Bildschirm wieder eine Korrektur der Eintragungen im Array wins.

Beispiele für Fenstertechnik

Insgesamt wurden zwanzig Prozeduren bzw. Funktionen der Fenstertechnik entwickelt. Will man nur die Prozeduren inslinedown, inslineup oder inslinedownbis nutzen, so genügt es völlig, nur diese in ein Programm aufzunehmen. Anders sieht es damit aus, wenn man horizontal und vertikal begrenzte Fenster nutzen will. Dann sollten diese Lösungen auch das Array wins und die Prozedur windowdef enthalten. Da die meisten Prozeduren auf untergeordnete zurückgreifen, muß jeweils ermittelt werden, wo das Ende der Verschachtelung ist. Will man beispielsweise die Prozedur WriteDown nutzen, so muß das Programm auch die Prozeduren InWindowDown und inslinedownin beinhalten. Die für ein spezielles Programm benötigten Komponenten sollten dann in einem Include-File zusammengefaßt werden. In diesem kann man dann die teilweise sehr reichhaltigen Kommentare des Quelltextes löschen und die optische Strukturierung der Prozeduren auf ein Minimum reduzieren. Diese beiden Maßnahmen dienen der Verringerung von Quelltextgröße und Kompilierzeit.

Als Beispiel für die Anwendung der vorgestellten Fenstertechnik folgt jetzt ein Auszug aus einem Programm, in dem die Masse von geometrisch bestimmten Körpern berechnet wird (Bild 20). Da es notwendig ist, die jeweilige Dichte des entsprechenden Werkstoffes einzugeben, werden im Fenster mit der Nummer 1 unter anderem verschiedene Materialien angeboten, die mit jeweils einem Kennbuchstaben ausgewählt werden können. Die Anzahl der angebotenen Materialien kann aber die Zeilenzahl des Bildschirms überschreiten; es wurde eine Fenster-Lösung erforderlich. Die Funktion dieser Auswahlmenü-Lösung ist folgendermaßen:

Die ersten 19 Materialien werden in dem Fenster mit ihren jeweiligen Kennungen angeboten. Ist das vom Nutzer benötigte Material nicht dabei, erhält er durch Betätigung der Entertaste die nächsten 19 angeboten. Die Auswahl eines Materials erfolgt durch die Eingabe seines Kennbuchstabens.

Weiterhin verdient die Funktion lesen im Programmbeispiel Beachtung. Sie entspricht fast völlig der vorgeschlagenen Funktion holeRin unserer Fenstertechnik. Dadurch, daß in ihr das Fenster, in dem gelesen werden soll, fest eingestellt ist, wird zentral geregelt, in welchem Bereich des Bildschirmes die Eingabe von Zahlen erfolgen soll. Durch diese Festlegungen ist es gelungen, auf dem Bildschirm thematisch getrennte Bereiche einfach festzulegen und zu bedienen.

Zur Veranschaulichung des Programms ist in Bild 21 das Aussehen des Bildschirmes dargestellt. Die Pfeile geben dabei die Bewegungsrichtung der Fensterinhalte beim Rollen an. Es folgt noch ein weiteres Beispiel, dieses Mal vor allem für die Anwendung der Prozeduren zum Verschieben der Fenster auf dem Bildschirm (Bild 22). Das Demonstrationsbeispiel realisiert das dreimalige Umkreisen des Bildschirm-Mittelpunktes mit einem Fenster entgegen dem Uhrzeigersinn. Nach der Aufwärtsbewegung des Fensters wird der optische Effekt erzeugt, daß der Inhalt des Fensters auf Grund der Trägheit noch weiter nach oben steigt, und dann erst im Fenster herunterfällt.

```
program Massenberechnung;
type string80=string[80];
     suchtyp = array[1..40]of record
                txt:string[40];kenn:char;wert:real end;
var wahl:char;
    Dichten:suchtyp;
    masse,volumen,dichte:real;
    wins :array[1..5] of record x1,y1,x2,y2:byte;c:char end;
{$I windows.inc }
procedure Bild;
  begin
    clrscr;
    windowdef(1,2,2,39,21,'!');windowwrite(1);   (* Menue  Fenster         *)
    windowdef(2,41,2,79,14,'!');windowwrite(2);  (* Kontrol/Eingabe Fenster*)
    windowdef(3,41,16,78,23,'!');windowwrite(3); (* Ergebnis  Fenster      *)
    gotoxy(1,23);write('Wahl Buchstabe ! ET fuer weiter');
    writeDown(3,'Faktor:                 !Masse:              ');
    writeDown(3,'Aufrechnungs-           !Total-');
    writeDown(3,'------------------------!------------------');
    writeDown(3,'Volum:                  !Volum:');
    writeDown(3,'Letztes Einzel-         !Total-');
    writeDown(3,'------------------------!------------------');
    writeDown(3,'Dicht:                  !');
    writeDown(3,'letzte Einzel-          !');
  end;
function lesen(textt:string80):real;
  var zeil:string80;i:integer;r:real;
  begin
    repeat
      writeUp(2,textt+' = ');     (* Mit dieser function wird  *)
      read(zeil);val(zeil,r,i);   (* realisiert, dasz alle     *)
    until i =0;                   (* Zahleneingaben im Fenster *)
    lesen:=r;                     (* Nr. 2 erfolgen            *)
  end;
procedure kennhol(M:Suchtyp;var kenn:char;var dichte:real);
  var i:integer;
  begin
    windowclear(1);                               (* Da das Fenster Nr.1 *)
    i:=1;Dichte:=0.0;                             (* auch fuer andere    *)
    repeat                                        (* Menues genutzt wird *)
      repeat                                      (* wird das Menue als  *)
        if m[i].txt='' then i:=1;                 (* Parameter uebergeben*)
        writeDown(1,m[i].txt+'   '+m[i].kenn);(* Es werden 19 neue   *)
        i:=i+1                                    (* Zeilen ins Menue    *)
      until i=19;                                 (* Fenster geschoben   *)
      read(kbd,kenn);(* Nutzerabfrage *)
    until kenn<>#13; (* Neue Menuezeilen bei Betaetigung der ET-Taste *)
    i:=0;
    repeat  i:=i+1                                 (* Suchen ausgewaehlter  *)
      until (m[i].kenn=kenn)or(m[i].txt='');   (* MenuePosition im Feld *)
    if m[i].txt<>'' then
      begin                  (* Wenn ausgewaehlte Position existiert:  *)
        writeUp(2,m[i].txt); (* Auswahl ins Kontroll-Fenster schreiben *)
        dichte:=m[i].wert    (* Ausgewaehlten Wert uebernehmen         *)
  end end;
begin    (* Hauptprogramm *)
  Bild;
  ...........(* Fuellen des Feldes Dichten und Ermittelung des Volumens *)
  kennhol(Dichten,wahl,dichte);
  if (upcase(wahl)='F')or(dichte=0.0) then dichte:=lesen('Direkt-Wert');
  gotoxy(49,17);write(dichte:10:4);
  masse:=Volumen*dichte;
  gotoxy(67,23);write(masse:12:3)
end.
```

Bild 20 Programm Masse

```
------------------------------------------------------------------------------
! Silber        S                 !                                          !
! Quecksilber   q         !       !                           /^\            !
! Quarzglas     Q         !       !                            !             !
! Porzellan     p         !       !                            !             !
! Platin        P         !       !                            !             !
! Nickel        n        \v/      !                            !             !
! Natrium       N                 !                                          !
! Marmor        M                 !Radius = 1                                !
! Kobalt        k                 !V = 12                                    !
! Konstantan    K                 !Direkt-Wert = 12                          !
! Gold          G                 !Aluminium                                 !
! Kork          c                 !Hardcopy                                  !
! Chrom         C                 ----------------------------------------------
! Barium        b                 !letzte Einzel-     !                      !
! Blei          B                 !Dicht:     6.69000 !                      !
! Antimon       a                 !-------------------!----------------------!
! Aluminium     A                 !Letztes Einzel-    !Total-                !
! Direkt-Wert   F/f               !Volum:   12.000000 !Volum:       48.566371!
!                                 !-------------------!----------------------!
----------------------------------Aufrechnungs-       !Total-                !
Wahl Buchstabe ! ET fuer weiter   !Faktor: 3          !Masse:       84.069019!
                                  ----------------------------------------------
```

Bild 21 Bildschirmdarstellung des Masse-Programms

```
program FensterLauf;          (* Beispiel fuer Fensterverschieben *)
type string80 = string[80];
var i,j:integer;
{$I windows.ovl}
begin
  write(kursoroff);
  windowdef(1,10,5,20,10,'!');
  windowwrite(1);
  for j:=1 to 3 do
    begin
      for i:=1 to 10 do windowtief(1);   (* Fallen des Fensters          *)
      for i:=1 to 30 do windowrechts(1);(* Fenster wandert nach rechts  *)
      for i:=1 to 10 do windowhoch(1);   (* Steigen des Fensters         *)
      for i:=1 to 4 do inwindowup(1);    (* Weitersteigen  Fensterinhalt *)
      for i:=1 to 4 do inwindowdown(1); (* Herunterfallen Fensterinhalt *)
      for i:=1 to 30 do windowlinks(1); (* Fenster wandert nach links   *)
    end;
  killwindow(1);
  write(kursoron)
end.
```

Bild 22 Programm FensterLauf

wird fortgesetzt

Diskrete Fouriertransformation und digitale Signalverarbeitung

Dr. Jürgen Förster
Technische Universität Karl-Marx-Stadt, Sektion Automatisierungstechnik

Dr.-Ing. Jürgen Förster (31) studierte von 1978–1983 an der Technischen Hochschule Karl-Marx-Stadt, Sektion Automatisierungstechnik, und promovierte 1986 im Rahmen eines Forschungsstudiums zu Fragen der vibroakustischen Diagnostik. Seit 1986 ist er Assistent und seit 1987 Oberassistent im Wissenschaftsbereich Steuerungstechnik/Prozeßautomatisierung der Technischen Universität Karl-Marx-Stadt und arbeitet auf dem Gebiet der digitalen Signalanalyse.

Einführung

Die Diskrete Fouriertransformation (DFT) stellt eine der wichtigsten Basistransformationen der digitalen Signalverarbeitung dar. Sie und ihre Rücktransformation verknüpfen Signale im Zeitbereich mit Kennfunktionen wie Leistungsspektren, Autokorrelationsfunktionen, Kohärenzfunktion, Cepstrum usw.

Die Einführung der schnellen Fouriertransformation (FFT) als effektive Methode zur Berechnung der DFT durch Cooley und Tukey im Jahre 1965 ermöglichte den Einzug der Spektralanalyse in verschiedenste Gebiete von Wissenschaft und Technik. Als Beispiele seien hier die Akustik, die Schwingungsmeßtechnik, die Sprachanalyse, die Maschinendiagnose, die Bildverarbeitung und die Prozeßüberwachung genannt. Dennoch stellt die FFT einen bezüglich der Rechenzeit aufwendigen Algorithmus dar. Die jeweilige Aufgabenstellung bestimmt deshalb die Art und Weise der Realisierung ausgehend von Universalrechnern bis hin zu speziellen Hardwarekonfigurationen für Echtzeitaufgaben.

Ziel des Beitrages ist ein Vergleich dieser verschiedenen Möglichkeiten, um für gegebene ingenieurtechnische Aufgabenstellungen eine geeignete Auswahl zu gestatten.

Als Realisierungsmöglichkeiten werden Universalprozessoren, Arrayprozessoren, Signalprozessoren und die Transputertechnik miteinander verglichen.

Algorithmen zur Berechnung der DFT

Mittels der DFT erfolgt eine Zerlegung eines finiten komplexen Signals in komplexe Fourierkoeffizienten:

$$X(k) = \frac{1}{N} \cdot \sum_{n=0}^{N-1} x(n) \cdot \exp(-j2\pi kn/N) \qquad (1)$$
$$n,k = 0\ldots N-1$$

Wird davon ausgegangen, daß eine komplexe Multiplikation mittels 4 reeller Multiplikationen (M_r) und 2 reeler Additionen (A_r) berechnet wird, so ergibt sich für die Gesamtzahl arithmetischer Operationen:

$$M_r = 4\,N^2 \qquad (2)$$
$$A_r = 4\,N^2 - 2N \qquad (3)$$

Dieser enorme Rechenaufwand führte zur Entwicklung immer effektiverer Algorithmen, angefangen bei den Basis-2-, Basis-4- und Basis-8-FFT-Algorithmen (mit 1, 2 oder 3 verschiedenen Butterfly-Operationen (BF)) über den Primfaktor-FFT-Algorithmus (PFA) bis zur Winograd-Fouriertransformation (WFTA). Einen Vergleich auf der Basis notwendiger arithmetischer Operationen sowie von Rechenzeitabschätzungen für Programme auf dem digitalen Signalprozessor TMS 32010 vermittelt /1/.

Eine aussichtsreiche Weiterentwicklung stellen die Split-Radix-Algorithmen dar /30/, /31/.

Weiterhin wurden auf der Basis aller genannten Verfahren spezielle Algorithmen zur Verarbeitung reeller bzw. konjugiert komplexer Eingangsdaten entwickelt, um die auftretende Redundanz in (1) zu beseitigen (/32/, /33/ sowie Schnelle Hartley-Transformation /2/, /3/).

Universalrechner und Universalprozessoren

Für viele Zwecke ist die Off-line-Spektralanalyse auf **Universalrechnern** oder auf **Universalprozessoren** ausreichend (Tafel 1).

Um auch Echtzeitaufgaben lösen zu können, wurden spezielle Hardwaremodule, auch **FFT-Prozessoren** genannt, entwickelt. Diese werden an einen Hostrechner gekoppelt und führen eine FFT mit wesentlich höherer Geschwindigkeit aus (z. B. FPR /4/ am System K 1520).

Für die moderne Signalverarbeitung ist es von Interesse, neben der FFT auch weitere Vektor- und Matrixoperationen mit hoher Geschwindigkeit ausführen zu können /5/. Für diese Verarbeitung von *Arrays* von Daten wurden **Arrayprozessoren** entwickelt. Es handelt sich um Multiprozessorsysteme, wobei Datenfluß und arithmetische Verarbeitung gleichzeitig erfolgen /6/. Sie erhöhen das Leistungsvermögen des als Hostrechner angeschlossenen Systems um ein Vielfaches (siehe Tafel 1). Von Vorteil gegenüber den reinen FFT-Prozessoren ist die Tatsache, daß auch die Weiterverarbeitung des Spektrums durch Divisions- und Quadratwurzeleinheiten sehr effektiv möglich ist.

Signalprozessoren

Die digitale Signalverarbeitung ist vorwiegend durch Algorithmen wie Skalarprodukt zweier Vektoren bei FIR- und IIR-Filtern, Butterfly-Operationen und Transformationen vom FFT-Typ gekennzeichnet. Diese lassen sich auf die Operationen Addition, Multiplikation mit Konstanten oder Variablen und Multiplikation mit anschließender Akkumulation zurückführen. Aus diesen Anforderungen heraus und mit den Möglichkeiten der VLSI-Technologie wurden folgerichtig die Signalprozessoren entwickelt, welche diese Operationen hardwareseitig unterstützen. Um 1980 marktwirksam geworden, ist derzeitig ein Ende der raschen Weiterentwicklung dieser Prozessoren nicht abzusehen. Eine umfassende Darstellung des internationalen Angebots vermittelt /10/.

Signalprozessoren sind durch Zahlendarstellungen mit 16-Bit- oder 24-Bit-Festkomma gekennzeichnet. Die neuesten Typen (μPD 77230, WE DSP32, DSP 96000, TMS 320C30) besitzen bereits Gleitkomma-Darstellung /27/.

Im Gegensatz zu Universalprozessoren wird die Havardstruktur oder die modifizierte Havardstruktur, das heißt die Trennung von Daten- und Adreßbus genutzt. Signalprozessoren arbeiten zur Erhöhung des Datendurchsatzes mit bis zu fünf Daten- und drei Adreßbussen (DSP 96000).

Die Arithmetikeinheiten bestehen fast immer aus einem schnellen Multiplizierer und einem Addierer bzw. einer Arithmetik-Logik-Einheit. Durch eine *Pipeline-Verarbeitung* kann die Verarbeitungsgeschwindigkeit zusätzlich erhöht werden. Für Skalierungsaufgaben ermöglichen *Barrel-Shifter* ein schnelles Bitverschieben um mehrere Stellen. Die Zykluszeiten konnten ständig verringert werden und

Tafel 1 **Rechenzeit für komplexe FFT auf Universalrechnern bzw. -prozessoren und Zusatzkomponenten (in ms)**

System	Prozessor	Takt	N					Bemerkungen
		MHz	64	128	256	512	1024	
16-Bit-Arithmetik								
K 1520	Z 80	2,5					<10000	
	UB8002	4,0	26	57	124	274		/7/
IBM PC	8088	4,77	19,0		110		610	/8/ mit 8087
Eagle-Turbo	8086	8,0	11,0		55		310	/8/
IBM PC/AT	80286	6,0	5,4		33		180	/8/
Gleitkommaarithmetik								
MicroVAX							45000	/9/
PDP 11			60		295		1400	/1/ 3 BF Basis-2
16-Bit-FFT-Prozessoren								
FPR (mit DMA auf K 1520-Bus)					5	10		/4/ mit reellen Eingangsdaten
Arrayprozessoren mit Gleitkommaarithmetik								
EC 1055-Matrix-Modul							13,8	/4/
ST-100							0,864	/6/
MicroVAX + Arrayprozessor AP 500							4,7	/9/

betragen bei einigen Typen bereits weniger als 100 ns.

Leistungsfähige Signalprozessoren sind in der Lage, neben den arithmetischen Operationen parallel Adreßberechnungen durchzuführen. So besitzt beispielsweise der TMS 320C25 zur indirekten Adressierung 8 Auxilary-Register und ein zusätzliches Rechenwerk, das die Indexberechnung bei der FFT übernehmen kann. Die zusätzliche Möglichkeit des *Bitreversing* trägt ebenfalls zur schnelleren Berechnung der FFT bei.

Abschließend seien noch die Multiprozessorfähigkeit sowie die seriellen Schnittstellen zur Kommunikation mit Hostrechnern moderner Signalprozessoren erwähnt.

Einen Vergleich der Leistungsfähigkeit verschiedener Signalprozessoren ermöglicht Tafel 2. Für den TMS 32010 liegen für die verschiedenen FFT-Algorithmen umfangreiche Rechenzeitangaben vor /1/. Primfaktor- und Basis-8-FFT sind erwartungsgemäß die kürzesten Algorithmen. In /11/ wird zur Adreßrechnung für Daten und Koeffizienten ein Adreßsequenzer (AM 29540) verwendet. Er führt bei N = 1024 zu einer Einsparung von etwa 10 ms.

Interessant ist eine Anordnung mit zwei kaskadierten TMS 32010 /12/. Dabei übernimmt der erste Prozessor das *Windowing* der Eingangsdaten sowie 16 nacheinander abzuarbeitende FFTs der Länge N = 64. Entsprechend dem verwendeten Decimation-in-time-Algorithmus sind diese FFTs völlig identisch und können direkt programmiert werden. Die Rechenzeit für den ersten Prozessor beträgt 6,11 ms. Der zweite Prozessor führt 64 FFTs der Länge N = 16 mit verschiedenen Twiddlefaktoren in 8,5 ms aus und bestimmt damit die Gesamtgeschwindigkeit. Notwendig sind noch zwei durch Hardware ausgeführte Umordnungen der Daten nach dem ersten und nach dem zweiten Prozessor.

Neben der Leistungsfähigkeit eines solchen auf eine FFT zugeschnittenen Systems werden zugleich die Probleme der Multiprozessorsysteme deutlich. Unbedingt notwendig ist eine ausgewogene Bilanzierung der Rechenzeiten zwischen den Prozessoren. Zusätzliche Operationen wie Bitreversing oder Bildung des Leistungsspektrums können die Umverteilung von Programmteilen oder die Hinzunahme weiterer Prozessoren erfordern. Zusätzlich ist ein geeignetes Konzept der Buszuschaltung bzw. der Speicherumschaltung zu entwickeln. Die Leistungssteigerung wird also mit einer geringen Flexibilität gegenüber Einprozessorsystemen erkauft.

Gleitkommaprozessoren stellen die neueste Entwicklung der Signalprozessortechnik dar /20/, /21/, /27/. Dabei liegen die Transformationszeiten bereits unter dem Bereich der schnellen 16-Bit-Prozessoren.

Tafel 2 Rechenzeit für komplexe FFT auf ausgewählten Signalprozessoren (in ms)

System	N					Bemerkungen
	64/ 63	128	256	512/ 504	1024/ 1008	
16-Bit-Arithmetik						
TMS 32010 /1/	2,87 1,92 1,72 0,6 1,41 1,53 0,83			 16,0 17,4	69,4 45,3 42,3	Basis-2, 1 BF Basis-4, 1 BF Basis-4, 3 BF Basis-4, 3 BF, direkt programmiert Basis-8, 2 BF PFA PFA, direkt programmiert
TMS 32010 /11/					59	Basis-2, 1 BF + Window-Operation
2 TMS 32010 kaskadiert /12/					8,5	Basis-2 + Window-Operation, reelle Eingangswerte, kein Bitreserving
TMS 32010 /13/ TMS 320C25 /14/			6,9 1,5 3,4			 Basis-4, direkt programmiert Basis-2
ADSP-2100 /15/ DSP 56000 /16/, /17/ LM 32900 /18/ TS 68931 /19/ ZR 34161 /28/	 0,265		 1,49 2,90 2,0		7,2 5,0 13,42 3,3	 24 Bit Festkomma Basis-4, direkt programmiert Basis-2
GK-Arithmetik (8-Bit-Exponent, 24-Bit-Mantisse)						
µPD 77230 /20/ DSP 32 /21/ DSP 96000 /27/ TMS 320C30 /27/		 2,0	 4,3	4,7 9,0	10,75 19,2 <2,0 1,67	 Basis-2

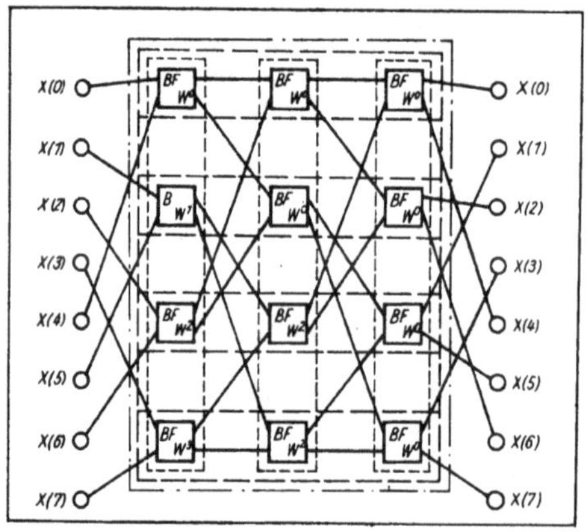

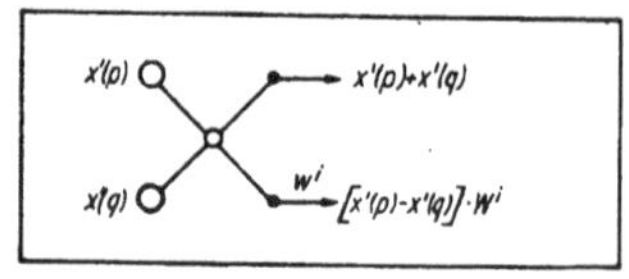

***Bild 2** Butterfly-Operation Basis-2 mit Twiddlefaktor*

***Bild 1** Verschiedene Transputerstrukturen für FFT (N = 8, Basis-2)*
—— Struktur 1: 1 Transputer pro BF
- - - - Struktur 2: 1 Transputer pro Spalte
— — Struktur 3: 1 Transputer pro Zeile
······ Struktur 4: 1 Transputer pro FFT

Transputerkonzept

Als Beispiel des Trends, anspruchsvolle Aufgaben mittels Multiprozessorsystemen zu lösen, wurde im vorangegangenen Abschnitt eine Kaskade mit zwei TMS 32010 vorgestellt /12/. Verschiedene Autoren weisen auf die Tatsache hin, daß die Leistung eines derartigen Systems nicht proportional zur Anzahl der Prozessoren zunimmt, sondern, bedingt durch Probleme der Aufgabenverteilung, der Kommunikation (Busbelastung) und des Aufwandes zur Ablauforganisation, ab einer bestimmten Menge wieder sinkt /5/, /23/, /24/.

Ein neues Niveau wird durch die gemeinsame Entwicklung von Hard- und Software mittels Transputern (und der Programmiersprache OCCAM) erreicht. Beispielsweise ist der Transputer IMS T 424 von Inmos durch eine 32-Bit-CPU mit einer Zykluszeit von 50 ns, einer Leistungsfähigkeit von 10 MIPS und 4KByte-on-chip-RAM mit einer Zugriffszeit von 35 ns gekennzeichnet. Weiterhin besitzt er einen integrierten Zeitgeber, eine leistungsfähige 8-Bit-Peripherieschnittstelle (4 MByte), eine 32-Bit-Speicherschnittstelle (25 MByte/s) und als wichtigstes vier serielle, bidirektionale Kommunikationskanäle (maximal 1,5 MByte/s pro Richtung) /24/. Damit lassen sich aus Transputern Matrixstrukturen mit Punkt-zu-Punkt-Verbindungen ohne konventionelle Bussysteme aufbauen. Zusätzlich ergeben sich Vereinfachungen bezüglich der notwendigen externen Logik und des Layouts von Leiterplatten.

OCCAM dient der Beschreibung paralleler Prozesse /22/. Grundelement der Sprache ist der Prozeß, der über Kommunikationskanäle mit anderen Prozessen Nachrichten austauschen kann. Weitere Möglichkeiten sind Eingabe, Ausgabe und Interrupt /23/.

Die Implementierung von OCCAM-Programmen ist sowohl auf einem einzelnen Transputer als auch auf einem Netzwerk mehrerer Transputer möglich. Damit kann beispielsweise ein FFT-Programm entsprechend den jeweiligen Forderungen nach Rechenzeit und Kosten auf verschiedene Strukturen umgesetzt werden. Bild 1 stellt einen FFT-Algorithmus mit Butterfly-Operationen (BF) dar. Die BF können als parallele Prozesse mit angeschlossenen Kommunikationskanälen betrachtet werden. Nutzt man den Transputer T 414 als *Butterfly-Maschine* (Bild 2), so wird eine BF in zirka 20 µs abgearbeitet /25/. In /25/ werden vier verschiedene Strukturen untersucht (siehe Bild 3), deren Leistungsfähigkeit Tafel 3 darstellt.

Tafel 3 Anzahl der Transputer (T), Zeit für eine FFT (t) und mögliche Abtastfrequenz (fs) für verschiedene Transputerstrukturen /25/

N	Struktur 1 1 Transputer/BF T	 t/ ms	 fs/ MHz	Struktur 2 1 Transputer/Spalte T	 t/ ms	 fs/ kHz	Struktur 3 1 Transputer/Zeile T	 t/ ms	 fs/ kHz	Struktur 4 1 Transputer/FFT T	 t/ ms	 fs/ kHz
8	12	0,02	0,4	3	0,08	100	4	0,062	128	1	0,25	32
16	32	0,02	0,8	4	0,16	100	8	0,08	200	1	0,67	24
32	80	0,02	1,6	5	0,32	100	16	0,1	320	1	1,60	20
64	192	0,02	3,2	6	0,64	100	32	0,125	512	1	3,85	16
128	448	0,02	6,4	7	1,28	100	64	0,143	900	1	9,01	14
256	1024	0,02	12,8	8	2,56	100	128	0,166	1500	1	20,8	12,5
1024				10	13,8	80				1	103	9,7
4096				12	55,5	80				1	500	8,0

Die schnellste Transformationszeit ist erreichbar, wenn jede BF durch einen Transputer berechnet wird. Für N = 256 wird damit im Echtzeitbetrieb eine sonst kaum erreichbare Abtastfrequenz von 12,8 MHz möglich. Allerdings dürfte der Aufbau von 1024 Transputern (1 kW Verlustleistung /25/) einige Probleme mit sich bringen.

Die zweite Struktur, in der ein Transputer alle BF einer Spalte berechnet, hat etwa die Leistungsfähigkeit der modernsten Signalprozessoren (N = 1024, t = 13,8 ms) bei einem vertretbar erscheinenden Aufwand von 10 Transputern.

Struktur 3 ist durch eine zeilenweise Implementierung der BF gekennzeichnet und benötigt N/2 Transputer. Auch in ihrer Leistungsfähigkeit nimmt sie eine Stellung zwischen Struktur 1 und 2 ein (N = 256, fs = 1,5 MHz).

Wird der gesamte Algorithmus auf einen Transputer gelegt (Struktur 4), so ist diese Variante (N = 1024, t = 103 ms) immer noch schneller als beispielsweise der Universalprozessor I 80286 (Tafel 1).[1]

Aus diesen Ansätzen ergeben sich sofort neue Fragestellungen. Zunächst wäre zu untersuchen, ob sich zum Beispiel Split-Radix-Algorithmen ebenfalls für eine Transputerimplementierung eignen. Weiterhin ist von Interesse, ob sich Signalprozessoren in alternativer Weise als Transputer einsetzen lassen. Moderne Signalprozessoren verfügen über eine leistungsfähigere CPU und ausreichend On-chip-RAM. Die Fragestellung bezieht sich hier hauptsächlich auf die Fähigkeit, untereinander kommunizieren zu können. Schließlich wäre zu prüfen, ob sich für derartige Konfigurationen die Sprache OCCAM zur Programmierung eignet.

VLSI-Arrays von Prozessorelementen

Eine neue Qualitätsstufe wird durch die Integration ganzer ein- oder zweidimensionaler Felder von Prozessorelementen auf einem Chip erreicht. Aus den Besonderheiten der VLSI-Technologie leiten sich folgende Bedingungen für die Entwicklung ab /26/:

– Einschränkung auf lokale Kommunikationsverbindungen zwischen den Prozessorelementen
– asynchrone Arbeitsweise der Prozessorelemente untereinander
– modulare Struktur
– Programmierbarkeit der Prozessorelemente.

Als erste Vertreter wurden die *Systolischen Arrays* als Netzwerke identischer Prozessorelemente entwickelt, die beispielsweise zur Berechnung der Matrix-Multiplikation eingesetzt werden können. Da jedoch für den Datentransport und für die zeitaufwendigeren Rechenoperationen das gleiche Zeitlimit vorgesehen ist, ergeben sich Geschwindigkeitsverluste. Ein weiteres Problem ist der synchrone Datenfluß des gesamten Arrays. Diese Nachteile werden mit der asynchronen Arbeitsweise des *Wavefront-Arrays* überwunden /26/.

Während sich beispielsweise IIR-Filter in Strukturen mit ausschließlich lokalen Kommunikationsverbindungen umwandeln lassen, ist dies für FFT-Algorithmen in der herkömmlichen Form nicht möglich. Implementierungsmöglichkeiten ergeben sich jedoch für den ursprünglichen DFT-Algorithmus, der eine Matrix-Vektor-Multiplikation darstellt (1).

[1] Der T 800 als Transputer der 2. Generation berechnet eine reellwertige 32-Bit-FFT in 55 ms.

Literatur

/1/ Burrus, C. S.; Parks, T. W.: DFT/FFT and Convolution Algorithms. John Wiley & Sons, New York 1984
/2/ Bracewell, R. N.: The Fast Hartley Transform. Proceedings of the IEEE, Vol. 72, NO 8, Aug. 1984, S. 1010
/3/ Sorensen, H. V.; Jones, D. L.; Burrus, C. S.; Heidemann, M. T: On Computing the Discrete Hartley Transform. Transactions on Acoustics, Speech and Signal Processing, VOL. ASSP-33, NO 4, October 1985, S. 1231
/4/ Geissler, R.: FFT-Modul für K 1520, Radio, Ferns., Elektron., Berlin 34 (1985) 9, S. 588
/5/ Whitehouse, H. J.: Signal Processing Technology. Modern Signal Processing (Proceedings fo the Arab School on Science and Technology), Hemisphere Publishing Corporation 1985, S. 370
/6/ Runge, H.: Supercomputer-Leistung für Prozeßrechner. Elektronik (1986) 12, S. 69
/7/ Wogek, L.; Schewe, K.-P.: Schadensdiagnose mit spezieller FFT-Implementierung auf einem UB 8002-Arithmetikmodul. Heft SIGNALANALYSE der Wissenschaftlichen Schriftenreihe der TU Karl-Marx-Stadt (1986) 12, S. 31
/8/ Schindler, M: FFTs get personal on small computers. Electronic Design, May 2, 1985, S. 250
/9/ Dittberner, W.; Vieten, M.: Meßwerterfassung und -verarbeitung mit freiprogrammierbaren Rechnersystemen. Elektronik (1987) 2, S. 82
/10/ Gluth, R.: Integrierte Signalprozessoren. Elektronik (1986) 18, S. 112
/11/ Küng, R.: Flexibler FFT-Prozessor löst Echtzeitaufgaben. Elektronik (1986) 21, S. 101
/12/ Benetazzo, L.; Narduzzi, C.; Offelli, C.: Improving Spectral Analysis Systems with digital Signal Processors. presented at the LASTED International Symposium „Applied Signal Processing And Digital Filtering", Paris, June 19–21, 1985
/13/ Wiggins; Mcmahan; Tarrant; Gass: DSP boards help tackle a tough class of AI Tasks. Electronics, August 21, 1986, S. 64
/14/ Kropp, G.: CMOS-Signalprozessor für echte Parallelverarbeitung in Mehrprozessorsystemen. Elektronik (1986) 18, S. 159
/15/ Roesgen, J.; Tung, S.: Moving memory off chip, DSP μP squeezes in more computational power. Electronic Design, February 20. 1986, S. 131
/16/ Ein später Sieger? Elektronik (1986) 11, S. 34
/17/ Auderer, G.: Digitaler Signalprozessor mit RISC-Architektur. Elektronik (1986) 22, S. 210
/18/ Baskerville, G.; Schwartz, M.; Schiappacasse, J.: Digitaler Signalprozessor in CMOS-Technik. Elektronik (1986) 6, S. 57
/19/ Omenzetter, M.: Universeller Signalprozessor bietet hohen Datendurchsatz. Elektronik (1986) 4, S. 71
/20/ Eichen, B.; Davis, M. H.; Kulp, B. D.: Floating-point math integrated on chip makes DSP IC a standout. Electronic Design, February 20. 1986, S. 159
/21/ Ferro, F.: Einchip-Signalprozessor mit Fließkommaverarbeitung (Teil 2: Programmierung). Elektronik (1986) 19 S. 123
/22/ May, D.: OCCAM – Programmiersprache für den Systementwurf. Elektronik (1982) 22, S. 83
/23/ Eckelmann, P.: Transputer: Mikrorechner-Konzept für hohe Verarbeitungsleistung. Elektronik (1983) 24, S. 51
/24/ Eckelmann, P.: Architektur und Anwendung des Transputers. Elektronik (1984) 4, S. 59
/25/ Eckelmann, P.: Transputer – richtig eingesetzt, Beispiele für die Fourier-Transformation in OCCAM. Elektronik (1985) 4, S. 57
/26/ Kung, S. Y: VLSI Array Processor for Signal Processing. Modern Signal Processing (Proceedings of the Arab School on Science and Technology), Hemisphere Publishing Corporation 1985, S. 393
/27/ Milt, L.: FOCUS Digital Signal Processors. Electronic Design, October 13, 1988, S. 161
/28/ VSP Family Overview. Zorun Corporation, Santa Clara
/29/ Neumerkel, D.: Einsatz von Transputern in Spracherkennung und Robotik, Mikroprozessortechnik, Berlin 3 (1989) 1, S. 13
/30/ Duhamel, P.; Hollmann, H.: ‚Split Radix' FFT Algorithm. Electronics Letters 1984, Vol. 20, No. 1, S. 14
/31/ Sorensen, H. V.; Heidemann, M. T. ; Burrus, C. S.: On Computing the Split-Radix FFT. IEEE Transactions on Acoustics, Speech and Signal Processing, Vol. ASSP-34, No. 1, February 1986, S. 152
/32/ Duhamel, P.: Implementation of „Split-Radix" FFT Algorithms for Complex, Real, and Real-Symmetric Data. IEEE Transactions on Acoustics, Speech and Signal Processing, Vol. ASSP-34, No. 2, April 1986, S. 285
/33/ Sorensen, H. V.; Jones, D. L.; Heidemann, M. T.; Burrus, C. S.: Real-Valued Fast Fourier Transform Algorithms. IEEE Transactions on Acoustics, Speech and Signal Processing, Vol ASSP-35, No. 6, June 1987, S. 849

☒ KONTAKT ☎

Technische Universität Karl-Marx-Stadt, Sektion Automatisierungstechnik, PSF 964, Karl-Marx-Stadt, 9010; Tel. 5613332

TERMINE

6. Computerfachtagung

WER? Bezirksverband der Kammer der Technik Frankfurt (Oder)
WANN? 25. und 26. Oktober 1989
WO? Frankfurt (Oder)
WAS?

- neuer Computer aus Mühlhausen
- Einchipmikrorechner
- Probleme bei der Softwareentwicklung
- Softwarepakete für 16-Bit-Rechner
- Ausstellung „Computer der volkseigenen Industrie, Eigenbaucomputer und Softwareentwicklung"

WIE? Meldungen für die Ausstellung richten Sie bitte bis zum 31. 8. 89 an Dr. Scheuschner, Ingenieurbetrieb Mikroelektronik Frankfurt (Oder), Tel. 369242. Nähere Informationen sind beim Bezirksverband der KDT Frankfurt (Oder), Ebertusstraße 2, Frankfurt, 1200; Tel. 369360, erhältlich.

Georgi/Dr. Scheuschner

Computer-Club

Schnelle Algorithmen für Geraden und Kreise in Forth

Die im folgenden beschriebenen Algorithmen wurden aus den für die jeweilige Kurve geltenden Differenzgleichungen entwickelt. Bei einer Geraden gilt:

$$\Delta Y_n = k \cdot \Delta X_n$$

Ein angenäherter Kreis entsteht durch Lösung des Systems

$$\Delta X_n = k Y_n; \Delta Y_n = -k X_n$$

Diese Gleichungen wurden nun so umgeformt, daß jede Rechnung die Koordinaten eines neuen Punktes liefert. Dann ergibt sich für die Gerade:

$$X_{n+1} = X_n + 1$$
$$Y_{n+1} = Y_n + k$$

und für den Kreis

$$X_{n+1} = X_n + 1$$
$$Y_{n+1} = Y_n - X_n/Y_n.$$

Mit diesen Formeln erhält man einen geschlossenen Linienzug, wenn $|\Delta Y/\Delta X| \leqq 1$ ist, anderenfalls sind X und Y zu vertauschen.
Da die Anfangswerte und auch die Koordinaten der zu berechnenden Punkte ganze Zahlen sind, wurde die Division durch eine modulo-Arithmetik ersetzt, wie sie im Prinzip schon bei den digitalen Differentialanalysatoren angewendet wurde. Der maximale Fehler der berechneten Koordinaten beträgt ein Pixel, wie man durch Vergleich mit den exakten Werten zeigen kann.
Die Programmbeispiele in Basic sollen lediglich das Verständnis der Zusammenhänge erleichtern.
Durch das Programm in Bild 1 wird eine Gerade vom Ursprung zu einem einzugebenden Endpunkt gezeichnet. YL ist hier und in den folgenden Beispielen der zu Y gehörende niederwertige Teil, in dem Änderungen akkumuliert werden. Eine entsprechende Routine in Maschinenkode (U 880) kann durch Vereinfachung des Programms für den Kreis erhalten werden (Bild 3).
Die Programme in den Bildern 2 und 5 zeichnen einen Achtelkreis um den Ursprung des Koordinatensystems.

```
10  INPUT X1,Y1
20  LET X=0 : LET Y=0 : LET YL=Y1
30  PLOT X,Y
40  LET X=X+1 : LET YL=YL+Y1
50  IF X>200 THEN STOP
60  IF YL<X1 THEN GOTO 30
70  LET YL=YL-X1 : LET Y=Y+1 : GOTO 30
```

Bild 1 Gerade in Basic

```
10  INPUT R
20  LET X=0 : LET Y=R : LET YL=0
30  PLOT X,Y
40  LET X=X+1 : LET YL=YL+X
50  IF X>Y THEN STOP
60  IF YL<Y THEN GOTO 30
70  LET YL=YL-Y : LET Y=Y-1 : GOTO 30
```

Bild 2 1/8-Kreis in Basic

```
INIT:    LD E,0          ;X:=0
         LD A,(RAD)
         LD D,A          ;Y:=R
         XOR A           ;YL:=0
ANFANG:  PUSH AF
         CALL PLOT       ;Punkt
         POP AF
         INC E           ;X:=X+1
         ADD A,E         ;YL:=YL+X
         JR C,UEB        ;Ueberlauf
         CP D
         JR C,TEST
UEB:       SUB D         ;YL:=YL-Y
           DEC D         ;Y:=Y-1
TEST:    LD L,A
         LD A,D
         CP E            ;X>Y ?
         LD A,L
         JR NC,ANFANG
         RET
```

Bild 3 1/8-Kreis in U 880-Maschinenkode

```
100 VARIABLE RADIUS
0 VARIABLE X 0 VARIABLE Y 0 VARIABLE YL
: INIT 0 X ! RADIUS @ Y ! 0 YL ! ;
: DELTA 1 X +! X @ YL @ + DUP Y @ >=
        IF Y @ - -1 Y +! ENDIF
  YL ! ;
: ENDE? X @ Y @ > ;
: PKT X @ Y @ PLOT ;
: KREIS 8 INIT BEGIN PKT DELTA ENDE? UNTIL ;
```

Bild 4 1/8-Kreis in Forth

```
: PKT  2DUP PLOT ;
: ENDE?  2DUP >  ;
: DELTA  SWAP 1+ ROT OVER +
         ROT  2DUP >=
         IF SWAP OVER - SWAP 1 - ENDIF
         ROT SWAP ;

: 1/8-KREIS  ( R --- )
         0 0 ROT
         BEGIN PKT DELTA ENDE? UNTIL
         DROP DROP DROP ;
```

Bild 5 Forth-Programm ohne Variable

Um einen Vollkreis in beliebiger Lage zu erhalten, sind die Symmetriebedingungen am Kreis auszunutzen und die Koordinaten des Mittelpunktes zu addieren.
Im Forth-Programm in Bild 4 wurden der besseren Anschaulichkeit wegen Variablen verwendet. Durch INIT erhalten sie ihre Anfangswerte. Im Wort DELTA werden die neuen Werte für X und Y errechnet (dementsprechend die Zeilen 40, 60 und 70 des Basic-Programms). Mit ENDE? wird die Abbruchbedingung geprüft, es bleibt ein Flag auf dem Stack. In der Begin-Until-Schleife des letzten Wortes werden durch PKT so lange Punkte mit den jeweils neu berechneten Koordinaten gesetzt, bis dieses Flag wahr ist.
Bei der Variante in Bild 5 befinden sich die Variablen ständig auf dem Parameterstack.
Zur Initialisierung ist vor Aufruf von 1/8-KREIS der Radius einzugeben, der gleich als Anfangswert für Y verwendet wird. X und YL werden auf 0 gesetzt. Durch ROT kommt Y auf dem Stack an die erste Stelle, dann folgen X und YL. In dieser Reihenfolge liegen die Variablen vor und nach Ausführung von PLOT und DELTA auf dem Stack. Bei ENDE? kommt an oberster Stelle noch das über den Abbruch entscheidene Flag hinzu. Nach UNTIL werden die nicht mehr benötigten Werte vom Stack entfernt. Das Programm ist schwerer lesbar, aber um den Faktor 1,25 schneller als das Beispiel in Bild 4. Dieses Verhältnis ist jedoch in starkem Maße von der Laufzeit der Routine PLOT und damit von der Implementierung und der zugrunde liegenden Hardware abhängig.
In dem zum Vergleich benutzten Rechner mit U 880 und 4 MHz Taktfrequenz dauerte die Berechnung der Koordinaten eines Kreispunktes nach dem Algorithmus in Maschinenkode im Mittel 20 Mikrosekunden, eine Ausgabe auf den Bildschirm beanspruchte jedoch 300 Mikrosekunden. Der Basic-Befehl CIRCLE (auch eine Maschinenkoderoutine) benötigte für die Ausgabe eines Kreispunktes etwa 4 ms. Demgegenüber sind sogar die Forth-Programme mit etwa 2 ms noch schneller. Das Basic-Programm in Bild 1 war dagegen, nicht zuletzt wegen der Gleitkomma-Rechenoperation, mit 22 ms deutlich langsamer.
Abschließend soll darauf hingewiesen werden, daß nach dieser Methode auch andere Kurven, wie Parabeln oder Exponentialfunktionen dargestellt werden können.

Peter Taege

BASICODE im Rundfunk

Ab September beginnt bei „REM – das Computermagazin" des Schulfunks von Radio DDR II ein neuer Kurs, diesmal zum Programmieren in BASICODE.
BASICODE ist ein in den Niederlanden entwickelter universeller Übertragungscode, der einheitlich für verschiedene Rechner einlesbar und abarbeitbar ist und damit den Austausch von Programmen verschiedener Computertypen ermöglicht.
Entsprechende Übersetzungsprogramme existieren bereits für die KC-Typen, für AC 1, Z 1013, C 64, Atari und Sinclair Spectrum.
Start des neuen Kurses ist der 6. September 1989, 17.00 Uhr; die weiteren Folgen dann – wie bekannt – jeden 2. Mittwoch um 17.00 Uhr im Rahmen des Schulfunkprogramms.
Zu dem Kurs wird ein kostenloses Begleitmaterial bereitgestellt, das unter folgender Anschrift angefordert werden kann, sofern ein frankierter und mit der eigenen Adresse versehener A5-Umschlag mitgeschickt wird:
REM – Schulfunk Radio DDR II,
Kennwort BASICODE,
Nalepastraße, Berlin, 1160

Dr. Baumann

KC 85/3 als Eingabeterminal für PC 1715, BC A 5120

Dr. Helge-Karsten Klink,
Christian Kompart
VEB Chemiewerk Kapen

Mit der Erweiterung des Modulsortiments für den KC 85/2 oder /3 durch die Module M012 (Texor) und M003 (V.24) gewann der Kleincomputer eine zunehmende Bedeutung für die Textverarbeitung.
Da jedoch nicht für jeden in der Textverarbeitung eingesetzten KC zur Textausgabe ein Druckgerät zur Verfügung steht und somit die bereits genannten Module in ihren Möglichkeiten nicht voll genutzt werden können, wurde eine hardwaretechnische Lösung dieses Problems gefunden und eine Kopplung zwischen dem KC und PC oder BC hergestellt.
Die auf dem KC im Textverarbeitungssystem Texor erstellten Texte können nun direkt in den PC bzw. BC überspielt werden. Dabei werden keine neuen Treiberroutinen auf dem KC benötigt, sondern gleich die im Texor-Modul befindlichen Druckerroutinen verwendet. So werden alle ASCII-Zeichen mit einer Geschwindigkeit von 9600 Baud übertragen.
Nach der Übertragung werden die in den PC oder BC überspielten Texte von den mitübertragenen Druckersteuerzeichen mittels Transformationsprogramm gesäubert.
Die Nutzung dieser Kopplung beschränkt sich natürlich keineswegs auf die Textverarbeitung.
So können beispielsweise Programme (in dBase, Algol, Basic, usw.) oder dBase-Dateien im Texor des KC erstellt werden, die dann anschließend auf dem PC/BC lauffähig sind.
Die maximale Dateigröße im Texor des KC beträgt etwa 15 KByte. Die Übertragungsentfernung beträgt bei speziell geschirmtem Kabel (Koax) vom KC zum PC/BC maximal 80 m.

Hardwaretechnische Voraussetzungen
- KC 85/2 oder 3
- Modul M012 (Texor)
- Modul M003 (V.24)
- PC 1715 oder BC A 5120 mit V.24-Interface
- Kopplungsleitung (vom Anwender herzustellen)

Softwaretechnische Voraussetzungen
- Telekommunikationsprogramm TLCM, hergestellt vom VEB Büromaschinenwerk Sömmerda, in der Version 1.1 (Version 0.6 realisiert die Kopplung nur bei PC 1715)
- Transformationsprogramme zur Text-, Programm- und Dateibearbei

tung der auf PC 1715 oder BC A 5120 überspielten Texte

Realsierung der Kopplung

Am KC 85/2 oder /3 wird der Kanal 1 des Modul M003 (V.24) genutzt. Der Modul M003 sollte dabei im Modulschacht 8 stecken. Beim PC 1715 und BC A 5120 wird das eingebaute V.24-Interface genutzt.
Zur Übertragung der Daten vom KC zum PC oder BC genügt ein Stereoüberspielkabel, an dem an der PC/BC-Steckseite eine 13polige Steckleiste angelötet wird.

- Masse = Betriebserde (A9 = B8 (Brücke))
- T × D = Sendedaten
- CTS = Sendebereitschaft
- DTR = Betriebsbereitschaft
- R × D = Empfangsdaten

Transformationsprogramme

Um die mitüberspielten Druckersteuerzeichen, die für die weitere Verarbeitung der vom KC überspielten Texte, Programme oder Dateien in den PC/BC hinderlich sind, zu eliminieren, wurden dazu 2 Beispielprogramme in dBase geschrieben.

Programm TRANS

Das Programm TRANS eliminiert die Druckersteuerzeichen innerhalb einer überspielten Programm- oder Textdatei und bereitet diese so auf, daß diese danach ein normales dBase- bzw. Textformat hat.
Der überarbeitete Text kann anschließend im jeweiligen Textprozessor des PC/BC abgearbeitet werden. Handelt es sich um ein Programm, beispielsweise in dBase, kann dieses nach der Abspeicherung durch TRANS abgearbeitet werden. Handelt es sich um eine Textdatei, die im Textprozessor des PC/BC weiterbearbeitet oder ausgedruckt werden soll, gibt man in die letzte Zeile ein: quit to 'TP'
Nach der Abarbeitung der überspielten Dateien im TRANS wird nun automatisch der Textprozessor im PC/BC gestartet.

Signal-V.24 KC	Stecker KC	Stecker PC/BC	Signal-V.24 PC/BC
F102 Masse	2 →	A1	F102 Masse
F103 R × D	(br) 1 →	A3	F103 T × D
F104 T × D	(ge) 3 →	B4	F104 R × D
F106 DTR	(we) 5 →	B6	F106 CTS
F108 CTS	(gn) 4 →	B8,	F108 DTR
		A9	F109 DCD

Initialisierung des KC und PC/BC

Das Programm TLCM.COM in den PC (SCP/5.1) oder BC (SCP/1.5) laden.
Anschließend wird die Parameterdatei TLCM.PAR geladen.
Parameter:

Device:	PC 1715 oder (BC A 5120/30 – K6028/8025-A)
Mode:	Full-Duplex
Speed:	9600 bd
Parity:	No
Stop-Bits:	1
Bit/Zeichen:	8
Prozedur:	DTR
CR-Echo:	CR

- Beginn des Datenempfangsmodus mit ta (TALK)
- Eröffnung der Empfangsdatei im PC/BC durch ESC-G
- Eingabe des Namens der Empfangsdatei
- Eingabe der Übertragungsgeschwindigkeit n
- Abspeicherung nach Ende der Übertragung durch ESC-E
- Abbruch des Programms TLCM durch e

Der KC wird über das im Texor-Modul befindliche INIT-Menü initialisiert.
Parameter:

Steuerzeichen	→ N
Geräteauswahl	→ K
Schriftart	→ K
Sperrschrift	→ 1
Zeilenabstand	→ 1
Anfangsspace	→ Enter

- Beginn der Übertragung im Textmodus (Texor) durch e (Flattersatz)
- Hinter Zeilen/Seite: die maximale Zeilenanzahl des Textes, des Programms oder der Datei eingeben → ET.
- Die Abfrage Druck J/N: mit J beantworten
- Abbruch der Übertragung jederzeit mit BRK
- Ende der Übertragung wird durch 'Befehl' angezeigt!

Programm TRANS1

Das Programm TRANS1 eliminiert die Druckersteuerzeichen innerhalb einer vom KC zum PC/BC überspielten und zuvor auf KC erstellten dBase-Datei und bereitet diese im PC/BC so auf, daß sie dann als dBase-Datei in einem dBase-Programm im PC/BC verarbeitet werden kann.
Ein Beispiel für TRANS1 geschrieben in dBase siehe im Bild 2.
Die fertiggestellte dBase Datei kann nun im PC/BC in entsprechenden Programmen weiterbearbeitet werden.
Es ist erkennbar, daß die Druckersteuerzeichen, wie Leerzeichen und anderes, durch entsprechende dBase Anweisungen eliminiert werden.
Jeder Nutzer des KC als dezentrales Datenerfassungs- und Eingabegerät für einen PC 1715 oder BC A 5120 kann und muß natürlich selber das Format seiner auf dem KC zu erstellenden Datei, ob Datenbank, Text oder Programm, festlegen und kann die hier nur als Beispiel aufgeführten kurzen dBase Transformationsprogramme für seine Zwecke verändern oder erweitern. Auf jeden Fall ist mit der Möglichkeit dieser Kopplungsmethode ein durchaus sinnvoller Einsatz des KC garantiert.
Nebenbei erhöht sich die Anzahl der Anwender von Computertechnik in vielen Betriebsbereichen und der Auslastungsgrad der im Einsatz befindlichen PC/BC unter dem Gesichtspunkt der Nutzung dieser als zentrale Druckstationen.

```
erase
set talk off
store                      to d,d1
@ 10,10 say 'Dateinamen vollstaendig eingeben (mit Punkt)'
@ 2,2 say 'Welche Datei bearbeiten ?' get d
@ 4,2 say 'Name der Zieldatei ?        get d1
read
use struc
copy stru to dat
use dat
append from &d1 sdf
use
delete file dat
quit
```

Bild 1 Programm TRANS

Bild 2 Programm TRANS1 ▼

```
erase
set talk off
@ 10,10 say 'Dateinamen vollstaendig eingeben (mit Punkt)'
@ store '                   to d,d1
@ 2,2 say 'Name der aufzunehmenden Datei' get d
@ 4,2 say 'Name der Ergebnisdatei          get d1
read
use struc1
copy structure to dat
if.not.file ('&d1')
copy structure to &d1
endif
use dat
append from &d delimited
use
use dat
delete
delete all for z1='          '.or.z3=0
pack
use &d1
append from dat
delete file dat
use
?'Datei','&d1','fertiggestellt !!'
```

Die Nutzungszeiten von PC/BC für die Programmierung oder Erstellung großer Dateien sind ebenfalls verkürzbar. Ein Test dazu ist jedoch unmöglich, da der KC sich im Textprozessorsysstem Texor befindet, was ein kleiner, jedoch nicht unbedingt hemmender Nachteil ist.
In unserem Betrieb wird diese Kopplung in der Rechenstation angewendet. Dadurch kann der Programmierer etwa 75 Prozent seiner Programme, die er im Algol schreibt, auf KC erstellen. Zuvor führte das zu einer Blockierung des BC A 5120, was wiederum zur Blockierung des mit dem BC gekoppelten KRS 4201 führte. Jetzt hingegen ist der BC für etwa 75 Prozent der Eingaben zum KRS freigesetzt, der Programmierer benötigt lediglich noch die Zeit zum Test und zum Abschluß seines Programms auf dem BC, bevor er dieses in den KRS überspielt.
In diesem Sinne viel Erfolg bei der Anwendung dieser Kopplung.

✉ KONTAKT ☏

VEB Chemiewerk Kapen, PSF 158, Dessau, 4500; Tel. 7244 App. 415

Kleines Lexikon der Mikrorechentechnik

L
wie Lochstreifenstanzer und Lochstreifenleser

Zeichnung: Dahmen

Tourenoptimierung mit BC-TOUR, Version 2.0

BC-TOUR ist ein Softwarepaket zur Lösung von Tourenproblemen mit Hilfe von 8-Bit und 16-Bit-Mikrorechentechnik. Es kann sowohl als Anschlußprojekt an die ESER-Softwarepakete DISKO-2 und DISKO-TOUR als auch separat genutzt werden. Bei der Anwendung von BC-TOUR können folgende Bedingungen berücksichtigt werden:

- Bedarf und Aufnahmebereitschaft der Kunden (Erfassung des Bedarfs in max. 10 Liefermengeneinheiten möglich)
- Be- und Entladezeiten
- feste Aufenthaltszeiten bei den Kunden
- Anzahl und Kapazität der Fahrzeugtypen
- Einsatzdauer der Fahrzeugtypen (Berücksichtigung von 2 Schichten möglich)
- Beschränkung der Tourdauer
- Optimierung nach zwei Maßeinheiten möglich (z. B. Masse und Volumen)
- Geschwindigkeit (Berücksichtigung von territorialen Besonderheiten ist möglich, z. B. Bahnübergänge, Fähren usw.)
- als Entfernungsmatrix wird nur eine Matrix der direkten Entfernungen benötigt.

BC-TOUR berücksichtigt folgende maximalen Problemgrößen, die zum Teil auf Wunsch des Nutzers vom Entwickler erweitert werden können: 500 Kunden, 200 Zonen, 50 Touren, 50 Fahrzeuge, 20 Fahrzeugtypen, 2000 direkte Entfernungen. BC-TOUR ist voll menügesteuert. Die Funktionen der Kursorsteuerung und die Syntax der Nutzerantworten wurden von Textprozessor, Turbo-Pascal und Dienstprogrammen übernommen, so daß der PC-geschulte Anwender keine Einarbeitung benötigt.

Geliefert werden Programme und Anwenderdokumentation auf nutzereigenen Disketten. Garantie- und Änderungsdienst sowie Anlaufunterstützung werden gewährt.

VEB Datenverarbeitungszentrum Potsdam, Dortustraße 46, Potsdam, 1500; Tel. 39311 oder 39312 *Käske/Miers*

Forth-Spracherweiterung für Künstliche Intelligenz

Auf der Basis des Backtrackprinzips wird eine vollständige Symbiose algorithmischer und deklarativer Programmiermethoden in einem gemeinsamen Sprachkonzept realisiert. Weiterhin wird die strategisch gesteuerte Lösungssuche für Aufgaben großer Suchtiefe unterstützt. Es existieren folgende Komponenten:

Mechanismus für unbestimmte Verzweigungen (TRY) und Backtracking (FAIL). Dies bedeutet, daß ein Programm Verzweigungen enthalten kann, deren Entscheidungskriterien erst im nachhinein gewonnen werden.

Universell und sehr einfach anwendbare Strategiefunktionen anhand anwenderspezifischer Bewertungskriterien oder fuzzylogischer Verknüpfung heuristischer Wichtungen.

Das **Note-and-Follow-Konzept**. Es besteht darin, den gültigen (d. h. zum Erfolg führenden) Programmweg zu notieren (NOTE), sozusagen über die durchlaufenen Programmverzweigungen und ausgeführten Backtrackings buchzuführen, um dann erneut (ggf. mehrfach) diesem notierten Weg durch das Programm backtrack- und verzweigungsfrei zu folgen (FOLLOW). Dies dient einer erheblichen Programmvereinfachung. Sehr zweckmäßig erscheint auch der unmittelbare Einsatz zur Maschinen- und Robotersteuerung, indem das gleiche Programm zur Simulation und zur direkten Steuerung benutzt wird.

Expertensystem-Tools: Wissensorganisation und Symbole, Fakten und Regeln, Expert-Dialog-Ebene (insbesondere für Spezialfachsprachen).

Die Spracherweiterung ist Bestandteil des NILES-FORTH-Entwicklungssystems (siehe MP 11/1988, S. 346); der Preis beträgt 9500,– M. Bitte fordern Sie ein ausführliches Informationsblatt oder eine DEMO-Diskette (Schutzgebühr: 185,– M) an.

VEB Werkzeugmaschinenkombinat „7. Oktober", Abt. TP6, Gehringstraße 39, Berlin, 1120; Tel. 3631641 *Noack*

Dateikonvertierung UNIX – MS-DOS

Im Rahmen einer Installation des hierarchischen Datenbankbetriebssystems HIDA durch die Firma startex GmbH, Bonn (BRD), beim VEB E. A.-Seemann-Verlag Leipzig, Redaktion Allgemeines Künstlerlexikon, wurden zwei Utilities für die Dateikonvertierung geschaffen. Das Programm **tar2dos** konvertiert Dateien im tar-Format (Betriebssystem WEGA oder UNIX-kompatibles Betriebssystem) in Dateien im MS-DOS-Format. Das Programm **w2crlf** ändert in Textdateien die Zeilenendmarkierung von 0AH (WEGA bzw. UNIX) in 0D0AH (MS-DOS). Beide Utilities laufen unter MS-DOS oder kompatiblen Betriebssystemen.

Eine kostenlose Weitergabe an Interessenten ist unter der Kontaktadresse möglich (bitte MS-DOS-Diskette, 720 KByte, einsenden).

VEB E. A. Seemann-Verlag, Redaktion Allgemeines Künstlerlexikon, Jacobstraße 6, PSF 846, Leipzig, 7010 *Schmidt*

Turbo-Pascal-Routinen für dBase III-Zugriff

In unserem Institut wurde ein unter dem Namen **TPDBASE** zusammengefaßter Satz von Routinen entwickelt, mit deren Hilfe ein Turbo-Pascal-Anwenderprogramm dBase III- bzw. dBase III Plus-Datenbankdateien verarbeiten kann. Die Routinen sind unter MS-DOS und kompatiblen Betriebssystemen und der Programmiersprache Turbo-Pascal, Version 4.0, anwendbar. TPDBASE hat folgenden Leistungsumfang:

- Lesen und Schreiben von dBase III-Datensätzen einschießlich Dateierweiterung
- Zugriff auf einzelne Feldwerte und Suchen nach speziellen Feldwerten
- Funktionen, die den dBase-Kommandos COPY STRUCTURE und PACK entsprechen
- Verfügbarkeit der Struktur der dBase III-Datei im Anwenderprogramm
- keine Beschränkung der Anzahl der gleichzeitig eröffneten dBase III-Dateien durch TPDBASE
- Möglichkeit der Auswahl der vom Anwenderprogramm tatsächlich benötigten Felder der dBase III-Datei. Anzahl und Anordnung der übrigen Felder beeinflussen das Anwenderprogramm nicht.
- wählbare interne Darstellung der Feldwerte
- Möglichkeit, einen Dateiausschnitt im Hauptspeicher zu führen. Dabei lädt TPDBASE nur die ausgewählten Felder in der gewünschten internen Darstellung. Der Zugriff zu den Daten wird dadurch sehr effektiv. Die Verwaltung dieses Hauptspeicherbereiches (Nachladen, Sichern) kann TPDBASE übertragen werden.

Bauakademie der DDR, Institut für Technologie und Mechanisierung, Plauener Straße 163/165, Berlin, 1092; Tel. 37833333 *Schimpf*

Interaktives Dialogsystem für P8000

IDS 8000 ist ein leistungsfähiges, dialogorientiertes Softwareprodukt zur Verwaltung von Nutzerprogrammen im UNIX-kompatiblen Betriebssystem WEGA. IDS 8000 ist für solche Anwender entwickelt worden, die mit ihrem Computer die vielfältigsten Probleme des betrieblichen Reproduktionsprozesses vorzugsweise durch eigene Dialogprogramme oder auch durch Nutzung anderer Softwarelösungen bearbeiten wollen. Alle unter IDS laufenden Programme können autonom ihre Aufgabe erfüllen. Es besteht die Möglichkeit, daß gleichzeitig unterschiedliche Problemgebiete wie Material, Absatz, Produktion usw. ohne gegenseitige Behinderung (gleichzeitige Manipulation von Dateien) aktiv sind. Um eine einfache Handhabung zu gewährleisten, wurde das System so konzipiert, daß auch Anwender, die keinerlei UNIX-Kenntnisse besitzen, Programme auswählen und abarbeiten können. Alle Systemteile von IDS 8000 wurden in der Programmiersprache C realisiert, wobei großer Wert auf Änderungsfreundlichkeit gelegt wurde. Zum Start von IDS 8000 wurden das UNIX-Interface, Login und Password genutzt. Nach Eingabe des Paßwortes erfolgt der Start aller notwendigen Systemprozesse (IDSBASE, TTYCTRL, CFM, evtl. TRANSFER) und der Beginn einer Dialogführung mit dem Nutzer des entsprechenden Terminals. Mit der Eingabe eines (ET) wird ein Menüprozeß aktiviert, und mit der Auswahl einer Menüfunktion kann das entsprechende Programm gestartet werden. Voraussetzung für die Entwicklung der Nutzerprogramme ist zur Zeit die Anwendung der Programmiersprache C. Für die Dateienarbeit verfügt IDS über eine umfangreiche Unterprogrammbibliothek, die sowohl sequentielle als auch indexsequentielle Dateimanipulation erlaubt. All diese Funktionen arbeiten in Wechselbeziehung mit der Systemkomponente CFM (Common-File-Management) oder auch mit möglichen Transferprozessen zur Vernetzung mehrerer P 8000.

VEB Schuhfabrik „Paul Schäfer" Erfurt, Klement-Gottwald-Straße 52, Erfurt, 5082; Tel. 382424 *Küffner/Herold*

Aufarbeiten von Daten auf Lochband

Für das Aufarbeiten von Datenbeständen, die auf Lochband gespeichert sind, wurde ein PC (unter CP/M) mit einer Lochbandleseeinrichtung gekoppelt. Der Einlesevorgang wird durch ein Turbo-Pascal-Programm mit Optionen gesteuert. Im Rechner bilden die eingelesenen Daten eine Textdatei, die variabel weiterverarbeitet werden kann. Als Hardwarebestandteile werden ein Lochbandleser ohne Steuereinheit sowie eine minimale (selbst aufzubauende) Steuerelektronik benötigt. Zum Aufbau der Rechnerkopplung sind ein freies PIO-Tor zur Dateneingabe sowie vier Steuerpins eines weiteren PIO-Tores des Rechners erforderlich. Folgende Funktionen sind möglich:

- Rechtslauf, Linkslauf, Stop des Lochbandlesers
- Erkennen von Bandende, Bandabriss
- Einlesen der Lochbandinformationen.

Der Bauelementeaufwand ist gering. Es werden vier LS-TTL-Schaltkreise, drei Transistoren (SF 128) und einige Transistoren zur Pegelanpassung benötigt.

Institut für Züchtungsforschung der AdL, Ethel-und-Julius-Rosenberg-Sraße 22/23, Quedlinburg, 4300; Tel. 470 *Boczek/Liedecke*

Software für Gaststätten

Zur Anwendung liegen Softwarelösungen für den C 128 D und für den PC 1715 unter einem CP/M-kompatiblen Betriebssystem vor. Sie beinhalten folgende Lösungen:

SPEIKA – Kalkulationsprogramm für Speisen und Getränke
URKON – Programm zur Planung, Abrechnung, Analyse und Kontrolle der Urlaubsinanspruchnahme
KRASTA – Programm zur Abrechnung und Analyse des Krankenstandes
KABRAN – Programm zur Kraftstoffabrechnung mit Monats-, Quartals- und Jahresabrechnung.

Alle Softwarelösungen sind anwenderfreundlich als Menüprogramme ausgelegt. Die verschiedenen Eingabedaten werden in Dateien abgelegt, die bei der Programmabarbeitung aufgerufen werden. Das Ausdrucken von aktuellen Auswertelisten ist möglich. Zum Ausdruck für SEIKOSHA-Drucker wurde außerdem ein Druckprogramm entwickelt, das vor dem Ausdruck geladen werden muß.

VE EHB (HO) Gaststätten Greifswald, Baderstraße 3, Greifswald, 2200; Tel. 76208 *Werth*

Konvertierungssystem für Leiterplattendaten

Der rechnergestützte Entwurf von Leiterplatten, das Erzeugen der Fertigungsunterlagen und die Fertigung selbst erfordern ein flexibles Konzept für die Umwandlung der nicht durchgängig standardisierten, herstellerspezifischen Datenformate der einzelnen Bearbeitungsanlagen. Für diesen Zweck wurde ein erweiterbares Datenkonvertierungssystem entwickelt. Es ist in Turbo-Pascal programmiert und damit portabel, setzt eine spezielle Overlaytechnik ein und ist modular aufgebaut. Zur Zeit existieren vier Modultypen: Dialog-, Verarbeitungs-, Eingabe- und Ausgabemodul. Die Eingabe- und die Ausgabemodule legen das Eingabe- und Ausgabeformat des jeweiligen Konvertierungslaufes fest. Diese Module sind als Overlay ausgelegt und beliebig kombinierbar. Die fest definierten Schnittstellen sowie die vom Bearbeitungsmodul gebotenen Leistungen gestatten es, ohne großen Aufwand weitere Eingabe- und Ausgabemodule zu entwickeln. Gegenwärtig sind als Eingabeformate u. a. ALZG-3, LM-B20, MHF, LKA, GERBER und als Ausgabeformate ALZG-3, LM-B20, MHF, LKA, EXCELLON bearbeitbar. Implementiert wurde das System auf einem 8-Bit-Rechner unter CP/M.

Technische Universität Dresden, ZWGB, Mommsenstraße 13, Dresden, 8027; Tel. 4579593

Dr. Drentschev

Anschluß VT 27000 an 8-Bit-Mikrorechner

Es wurde eine Lösung für den Anschluß des Videoton-Zeilendruckers VT 27000 an 8-Bit-Mikrorechner mit dem Betriebssystem SCP erarbeitet (Bürocomputer A 5120/30, PC 1715, K 1520). Damit stehen dem Nutzer die Leistungen des von der SM-4 her bekannten Schnelldruckers auch an 8-Bit-Arbeitsplätzen zur Verfügung. Geeignet ist die Lösung vor allem für den Druck längerer Dokumentationen. Hardwareseitig ist der Aufbau einer kleinen Zusatzschaltung erforderlich, der z. B. auf einer Universalleiterplatte erfolgen kann.
Zur Nachnutzung werden folgende Unterlagen bereitgestellt:
- Stromlaufplan der Zusatzschaltung
- Assemblerquelle für den BIOS-Treiber, der in das Betriebssystem einzubinden ist.

VEB Elektroprojekt und Anlagenbau Berlin, ZfT, Abt. RC4, Rhinstraße 100, Berlin, 1140; Tel. 5509531/App. 29 oder 31

Dr. Mertins/Löbel

Festplatte für EC 1834 und Software für Plotter

Die Nachrüstung des EC 1834 mit einer Harddisk für IBM-PCs konnte mit einer Änderung des ROM-BIOS auf den Festplattencontrollern erreicht werden. Für die EPROMs 2764 wurde als Ersatz eine kleine Emulatorplatine mit 4 × 2716 gebaut. Folgende Controller und die dazugehörigen Festplatten sind bisher auf diese Weise am EC 1834 betreibbar:
- WD 1002A-WX1 (Tandon 20 MByte)
- WD 1002A-27X (Wincard 30 MByte)
- OMTI 5527A (Seagate ST238R 30 MByte)

Für andere Systeme ist eine ähnliche Anpassung sicher möglich. Die durch den DMA-Schaltkreis 8057 reduzierte Blockgröße (maximal 16 KByte) bei der Datenübertragung hatte keine Auswirkungen unter DCP oder MS-DOS. Die zum EC 1834 mitgelieferten Serviceprogramme (FDISK, HDINIT, HDPARK) sind ebenfalls verwendbar.
Für den Kleinplotter XY4131 wurde ein Softwarepaket entwickelt, das eine weitgehende Kompatibilität zum HP 7475 garantiert und auf Bürocomputern lauffähig ist. Durch die Anpassung an den HP 7475 kann es für einen Großteil der Grafiksoftware, die auf 16-Bit-Rechnern zur Verfügung steht, verwendet werden. Es besteht aus folgenden Bestandteilen:
GETPLT – Empfang von Plotterkommandos über V.24 und Ablegen in einer Datei
HPXY4131 – Plotten von Dateien bzw. Plotterkommandos, die über die V.24 empfangen werden
PLINST – Installieren der Schnittstellen und der Standardplottereinstellungen.
Für den Plotteranschluß ist ein unbeschaltetes PIO-Port im Bürocomputer erforderlich. Im praktischen Betrieb sind folgende Kopplungen möglich:
PC —— V.24 ⟶ BC → Datei
PC — Diskette → BC → XY4131
PC —— V.24 ⟶ BC → XY4131

Forschungszentrum für Bodenfruchtbarkeit Müncheberg, Abt. Wissenschaftlicher Gerätebau, Wilhelm-Pieck-Straße 72, Müncheberg, 1278; Tel. 82241

Dr. Petzold

Anfertigen von Leiterplatten

Die Feinmechanische Werkstatt Reese bietet die Anfertigung von Leiterplatten (NDKL, ein- und zweiseitig) nach der vom Kunden gelieferten maßstabgerechten Vorlage (Leiterbildzeichnung) an.

Firma Dipl.-Ing. Thomas Reese, Feinmechanische Werkstatt, wissenschaftliche Geräte und Leiterplatten, Ambrosiusplatz 5, Magdeburg, 3014; Tel. 48752

Reese

Grafik-Druckerprogramm für K 6311 am K 8915

Für den Rechner K 8915 vom VEB Robotron-Rechenelektronik Meiningen/Zella-Mehlis wurde ein Druckertreiber entwickelt, der nachladbar (oder besser vorladbar) sich in den freien RAM-Bereich zwischen F000H und FFBH lädt und der den Ablauf normaler Programme sowie den zur Verfügung stehenden Speicherplatz für Nutzerprogramme nicht verringert. Das I/O-Byte wird auf User-List-Kanal umgeschaltet. Hardwaremäßig ist die ATSK 7028.20 (1 × IFSS, 1 × V.24) auszutauschen. Im Datenaustausch werden im Drucker DTR-Protokoll und 9600 Baud eingestellt. Auf Wunsch kann auch eine ASV K 9021 Verwendung finden, wobei aber auf der Platine die Erzeugung der -12-V-Stromversorgung entsprechend geändert werden muß. Die Adressen können auf Wunsch in den Programmen entsprechend gelinkt werden. Von der V.24-Schnittstelle werden die Leitungen Masse, DTR sowie Rx/TX benötigt. Im V.24-Steckverbinder der ATS sind die Leitungen 107 und 108 zu brücken. Die Funktionen Schriftgröße, Zeichensatz und Grafik-/Alpha-Modus werden menügesteuert aufgerufen. Mit einem Hardcopy-Programm können BWS-Inhalte der Grafikplatte VIS2A (AdW), 512 × 256 Pixel, ausgedruckt werden. Das Programm kann ebenfalls zur Verfügung gestellt werden.
Angebotene Leistungen sind eine Hardware-Dokumentation und eine Software-Beschreibung. Die Programme können wahlweise auf 8"- oder auf 5¼"-Disketten geliefert werden.

Technische Hochschule Ilmenau, Sektion Phyteb, PSF 327, Ilmenau, 6300; Tel. 74621 und 74681

Gleichmann/Behrens

Kopplung PC und SD 1156

Für die weitere Verwendung vorhandener Seriendrucker SD 1156 mit Schnittstelle SIF 1000 (TTL-Pegel) und die Nutzung der damit verbundenen Vorteile wurde eine Hard- und Softwarelösung geschaffen, die es erlaubt, die Drucker an fast beliebige BC/PC/AC mit V.24-Schnittstelle anzuschließen. Die Lösung besteht aus einer Leiterplatte mit EMR U 882, 2 KByte EPROM und 1 KByte RAM und dem entsprechenden Druckersteuerprogramm. Der EMR wird bei minimalem Verdrahtungsaufwand im Drucker installiert, ohne daß an der übrigen Druckertechnik etwas verändert werden muß (wichtig für die Wartung). Realisiert wird über den EMR der Datenaustausch mit dem Rechner über V.24-Protokoll und die vollständige Druckeransteuerung über das Interface SIF 1000. Am PC ist keine hard- oder softwareseitige Veränderung notwendig. Erprobt und eingesetzt wird die Lösung bei uns vorrangig für den PC 1715 am Rechnerausgang PRINTER.

VEB teltomat Teltow, Werk für Straßenbaumaschinen, Abt. LOE, Ruhlsdorfer Straße, Teltow, 1530

Schnabel

Druckprogramm RUND

Das Programm **RUND** verwaltet acht Adressendateien und unterstützt den Druck von Rundschreiben mit persönlichen Anreden sowie den Druck von Briefumschlägen mit dem Textverarbeitungssystem TP unter dem Menüpunkt Kombodruck. Der Druck von Anschriftenverzeichnissen ist möglich. Dem Nutzer stehen unter anderem die Funktionen Eingabe, Korrektur, Druck, Zeigen, Verschieben und Kopieren innerhalb der Adressendateien und die Auswahl von Anschriften für ein Rundschreiben mittels Kombodruck zur Verfügung. Neben der Anschrift, der Anrede und dem Namen ist das Speichern von Zusatzinformationen zu jeder Anschrift möglich (Telefonnummer usw.). Nutzer dieses Programms sind Betriebsleitungen, Genossenschaften und gesellschaftliche Organisationen, die gleichlautende Texte an eine große Anzahl von immer wiederkehrenden Adressaten versenden. Das Programm läuft unter den Betriebssystemen SCP und DCP. Die Dateien können unter dBase II bzw. dBase III weiterverarbeitet werden.
Bei Zusendung einer formatierten 5¼-Zoll-Diskette kann die Nutzerdokumentation angefordert werden.

Firma Ulrich Schmidt, Bahnhofstraße 17, Altlandsberg, 1274; Tel. 408

Schmidt

Modulbibliothek für Turbo-Pascal

Die entwickelte Turbo-Pascal-Modulbibliothek bietet insbesondere für Datenerfassungsprogramme folgende Vorteile:
- Gewährleistung einer einheitlichen Bedienoberfläche auf unterschiedlicher Technik (BC, PC 1715, K 8915, A 7100, A 7150, EC 1834 u. ä.)
- Bedienfreundlichkeit und Bedienkomfort
- rationelle Programmierung
- uneingeschränkte Portabilität von Programmen
- effektive Pflege- und Wartungsarbeiten.

Die Modulbibliothek besteht aus einzelnen Boxen, die über Includeanweisung in Turbo-Pascal-Programme eingebunden werden und folgendes realisieren:
EINGABE-BOX ermöglicht Bildschirmeingaben (real, integer, byte oder string), Vorwertübernahme, Standardwertübernahme, Löschen des Eingabefeldes u. ä. Durch Eingabe von **?** lassen sich jederzeit Helptexte abfordern; Minimum- und Maximumprüfung sind möglich.
HELP-BOX ermöglicht die Nutzung von variablen Helptexten
KAPAZ-BOX zur Prüfung der freien Diskettenkapazität
KOPF-BOX zur einheitlichen Gestaltung des 1. Bildschirmbildes einschließlich Datumeingabe und -prüfung
MENÜ-BOX zur einheitlichen Darstellung der Funktionsauswahlbilder
MACHDBD-BOX zur Erzeugung des Dateidefinitionsblockes von Datenbankdateien
FILE-BOX für Prüfen, Einrichten, Fortschreiben u. ä. von Dateien
LISTE-BOX zur wahlweisen Ausgabe von Listen auf Drucker oder Diskette
BROS-BOX zur Verarbeitung von BROS-Disketten unter SCP
LIESKBD-BOX wandelt den Tastencode der Kursortasten am 16-Bit-Rechner in CTRL-Zeichen um
FTASTEN-BOX gibt zurück, welche Funktionstaste am 16-Bit-Rechner gedrückt wurde.
Zu jeder Box existiert eine umfangreiche Beschreibung.

Institut für Forstwissenschaften Eberswalde, Organisations- und Rechenzentrum Potsdam, Virchowstraße 39/41, Potsdam, 1591; Tel. 76941

Neumann

Wir suchen ...

... einen Treiber für den Anschluß einer Kassettenmagnetbandeinheit K 5261.01 an den A 7100.

Technische Universität Dresden, Sektion Forstwirtschaft, Bereich Forsteinrichtung und Forstliche Ertragskunde, Pienner Straße 8, PSF 10, Tharandt, 8223; Tel. 6231

Vogel

Erste PC-Familie mit 80486-Prozessor

Von der englischen Firma Apricot Computers wurden Anfang Juni die ersten Personalcomputer vorgestellt, die Intels neuesten 32-Bit-Mikroprozessor, den 80486, verwenden.
Sie sind für den Einsatz der Betriebssysteme MS-DOS, OS/2 und UNIX vorgesehen. Das Einstiegsmodell VX 400/30 hat 4 MByte RAM, einen 128-KByte-Cache und eine 338-MByte-Festplatte. Bei 25 MHz Taktfrequenz wird eine Leistung von 15 MIPS erreicht. *MP*

Compaq Deskpro 386/33

Zwar gelang es der Firma Compaq nicht, den ersten 386er-PC mit 33 MHz-Prozessor vorzustellen – siehe 4. Umschlagseite –, doch will man den Anspruch, Marktführer bei den 386er PCs zu sein, mit „dem ersten PC der Welt auf der Basis eines mit 33 MHz getakteten 80386-Prozessors, der sofort lieferbar ist" verteidigen. Ende Mai wurde das neue Modell präsentiert, das vor allem für anspruchsvolle Anwendungen wie CAD/CAE, Softwareentwicklung und Finanzanalysen sowie als Fileserver in Multiusersystemen ausgelegt ist. Durch die Kombination der bekannten Compaq-Flex-Architektur mit der höheren Taktrate soll eine um 35 Prozent höhere Leistung als bei 25-MHz-PCs möglich sein. Dazu tragen auch der 64-KByte-Cachespeicher bei sowie die Möglichkeit des (gleichzeitigen) Einsatzes der neuen Koprozessoren Intel 80387 und Weitek 3167 mit je 33 MHz. Die Flex-Architektur, die einen 32-Bit-Speicherbus beinhaltet, ermöglicht durch das Concurrent-Bus-Prinzip, bei dem Speicher- und Peripheriebus gleichzeitig angesprochen werden, eine gleichmäßige Auslastung aller Subsysteme. Standardmäßig ist der 386/33 mit 2 MByte RAM, einem 5,25-Zoll-Diskettenlaufwerk und einer Festplatte zwischen 84 und 650 MByte ausgestattet. Durch Nutzung des 32-Bit-Erweiterungssteckplatzes kann der RAM auf bis zu 16 MByte ausgebaut werden.
Daneben gibt es noch 7 freie Steckplätze im Industriestandard. Der Einbau von bis zu 5 Massenspeichern erlaubt es, die interne Speicherkapazität bis auf 1,3 Gigabyte zu erweitern – ein Wert, der nach Aussagen von Compaq bisher von keinem anderen Desktop-Computer erreicht wird. *MP*

EMS-Chip

Die Voraussetzung für effektives Multitasking sind große Speicher, von denen jeder Task (Aufgabe) ein Speicherbereich zugewiesen wird. Die Standards für Speichererweiterungen unter MS-DOS sind der EMS 4.0 bzw. der EEMS (Enhanced Expanded Memory Standard; siehe dazu MP 3/1989, Seite 89). Die USA-Firma Chips & Technologies kündigte Anfang des Jahres die Produktion des 82C631 für die Verwaltung des EMS-Speicher an. Der *EMS Mapper* eröffnet für die PC-Hersteller neue Möglichkeiten. Bisher wurden die Schaltkreise für die Speicherverwaltung auf den RAM-Erweiterungskarten – die mit 1-MBit-RAMs bereits bis zu 16 MByte umfassen – plaziert. Der 82C631 kann künftig auf der Hauptplatine untergebracht werden. Dadurch wird es möglich, die Kapazität der Erweitungskarten weiter zu steigern. Die 128 Register des 82C631 zum Ansteuern der EMS-Speicherbänke sollen bei Programmen wie Windows und Desqview zu erheblichen Geschwindigkeitssteigerungen führen. Zum Erzeugen oder Aktualisieren der Speicherfenster ist lediglich ein Ein-/Ausgabekommando nötig. *MP*

Hochauflösender Farbscanner ACS 100 Color

Als einen Meilenstein im farbigen Druckvorstufenbereich betrachtet die Firma Agfa-Compugraphic ihren neuen hochauflösenden Farbscanner. Der ACS 100 Color ist ein CCD-Flachbettscanner, der eine variable Auflösung von 300 bis 2400 Punkten pro Zoll (dpi) für Anwendungen in der farbigen Druckvorstufe bereitstellt. Der Einsatz der CCD-Technik (charge coupled device) und die hohe Präzision des Flachbett-Mechanismus sollen für ein sehr schnelles Arbeiten des Systems sorgen.
Agfa-Compugraphic wird den neuen Farbscanner in vorhandene und zukünftige Systemumgebungen integrieren; aufgrund seiner offenen Schnittstellen-Architektur steht der Scanner jedoch auch für andere Systemumgebungen zur Verfügung.
Einige Schlüsselfunktionen und besondere Leistungsmerkmale:
– Bei einer Pixeltiefe von 10 Bit pro Farbe sind 1024 Graustufen pro Farbe erreichbar.
– Scan-Geschwindigkeiten (Beispiele):
A3-Seite Halbtonabbildung bei 300 dpi Auflösung: 60 Sekunden; 35 mm-Dia bei 2400 dpi: 90 Sekunden
– SCSI-Bus zum Anschluß an offene Pre-Press-Systeme.
– Ethernat-Option zur schnellen Datenübertragung. Standard-Protokolle wie TCP/IP werden unterstützt. *MP*

Spezialprozessor für Künstliche Intelligenz

Einen Spezialprozessor für Aufgabenstellungen der Künstlichen Intelligenz, insbesondere für Symbolverarbeitung und Echtzeitanwendungen, hat die französische Firma Sodima entwickelt. Es handelt sich dabei um einen 32-Bit-Prozessor in RISC-Architektur (Reduced Instruction Set Computer). Der Prozessor wird in einem Gastrechner als schneller Coprozessor verwendet. Die Rechenleistung beträgt 10 bis 20 MIPS bei einer Taktfrequenz von 10 bis 20 MHz. Damit können in Verbindung mit dem Betriebssystem KOS (Knowledge-based Operating System) Aufgaben der Künstlichen Intelligenz effektiver gelöst werden. In Verbindung mit einem Rechner Sun 3-160 kann die Leistung durch den Coprozessor um den Faktor 18 erhöht werden. Der in Parameterform programmierbare Interferenzgenerator erreicht dadurch eine Abarbeitung von 3600 Regeln pro Sekunde.
Gegenwärtig ist der Prozessor als VLSI-Schaltung in CMOS-Technik mit einer Strukturbreite von 1,2 μm ausgelegt. Er umfaßt 50 000 Transistorfunktionen in einem Gehäuse mit 176 Anschlüssen. Die Firma Sodima sieht folgende Weiterenwicklung vor:
– Schaffung eines Parallelrechners mit 4 bis 8 Prozessoren
– Herstellung einer Version in Gallium-Arsenid-Technik mit einer Rechenleistung von 100 bis 200 MIPS und einer Taktfrequenz von 200 MHz.
Erste Anwendungen sollen für Echtzeitaufgaben in Flugkörpern und in Kernkraftwerken gefunden worden sein.

Quelle: Computer Zeitung. – Leinfelden-Echterdingen 20 (1989) 5. – S. 28 *Wi*

Integration bei elektronischen Bauelementen

Die Produktion von 1-MBit-DRAMS soll nach Ansicht von Vertretern der Firmen Siemens und Philips die Voraussetzung schaffen, um die Produktion der Bauelementekategorie im Submikrometerbereich zu beherrschen. Bei den 1-MBit-DRAMS zeichnet sich schon jetzt eine zweite Generation ab, die eine Zugriffszeit von 65 ns aufweist, was eine Linienbreite von 0,5 μm voraussetzt.
Es wird angenommen, daß in diesem Jahr die Linienbreite von 0,5 μm in der industriellen Produktion nicht mehr unterschritten wird. Das Hauptaugenmerk gilt der Senkung der Ausschußquote bei der bisher erreichten Linienbreite.
Obwohl für dieses Jahr eine größere Anzahl von IC-Typen mit Submikrometer-Geometrie erwartet wird, soll die Anzahl der ausgelieferten 4-MBit-DRAMs noch gering bleiben, da die Ausschußquote nur eine kostengünstige Produktion zuläßt.
In diesem Jahr soll mit CMOS-ICs zu rechnen sein, die Taktraten von 50 bis 75 MHz aufweisen. Die Anzahl der Gates pro Logik-IC soll sich auf 200 000 bis 500 000 steigern lassen. Bipolare Logik-ICs sollen Gate-Zahlen von 20 000 bis 50 000 aufweisen, bei Taktraten von 2 bis 6 GHz. Die Umstellung kompletter Systeme auf diese Bipolar-Logik-ICs wirft das Problem der geringen Geschwindigkeit in der Umgebung der ICs auf.
Unterhalb der 0,7-μm-Grenze werden Gate-Verzögerungen von 200 bis 600 ps, bei Bipolar-ICs 80 bis 200 ps erwartet.
Die Grenze von 0,25 μm wird in den nächsten zwei Jahren kaum unterschritten werden können. Erst Mitte der 90er Jahre soll diese Technologie im Labor beherrschbar sein.
Die Ankündigung japanischer Firmen, bereits 16-MBit-DRAMs produzieren zu können, wird mit Skepsis aufgenommen. Die Realisierung von Chips mit Linienbreiten unter 0,7 μm setzt die Beherrschung völlig neuer Bearbeitungstechniken voraus. Die wahrscheinlich erfolgreichste Technologie wird die Röntgenstrahl-Lithographie sein. Sie hat ihre Eignung bereits nachgewiesen, ist jedoch aufgrund der geringen Durchsatzgeschwindigkeit noch nicht für die Massenproduktion geeignet. Der Einsatz anderer Materialien (z. B. GaAs) macht sich noch nicht zwingend erforderlich, da die bipolare Silizium-Technologie noch nicht ausgereizt ist.
Ein anderer Weg, den Integrationsgrad zu erhöhen, ist der Übergang zu 3D-Chips. Einige Firmen, darunter IBM, arbeiten an diesen Chips, bei denen mit konventionell beherrschbarer Linienauflösung gearbeitet wird, allerdings mit mehreren aktiven Schichten. In diesem Jahr wird mit den ersten 3D-Chips mit 2 Systemlagen gerechnet. Die obersten Lagen dieser ICs sollen zur Geschwindigkeitssteigerung mit optoelektronischen Elementen versehen werden.

Quelle: eee. Elektronik-Technologie. – Leinfelden-Echterdingen (1989)1/2. – S. 19, 20 *Wi*

Optisches Netz mit Kunststoffasern

Ein optisches LAN aus Kunststoffasern mit der Bezeichnung *Fiberstar* und mit einer Übertragungsrate von 2 MBaud wurde kürzlich von der USA-Firma Netronix vorgestellt. Das Netzwerk mit Kabellängen von 15 m und einer theoretischen Übertragungsrate (bei Einsatz von Laserdioden statt Leuchtdioden als Sender) von 10 bis 50 MBaud soll das erste Kunststoffasernetz sein. Vorteile der Kunststoffasern gegenüber Glasfasern sind der geringere Preis von Fasern und Steckverbindern, die bessere elektromagnetische Verträglichkeit, die bessere Flexibilität und der kleinere mögliche Biegeradius. Weiterhin kann wegen der Arbeit im Bereich des sichtbaren Lichtes die Fehlersuche vereinfacht werden. Die verwendete Kunststoffaser ist mit einem Durchmesser von 1 mm erheblich dicker als Glasfasern (62 μm). *MP vorgestellt*

Intel i860

Wegbereiter einer neuen Leistungsklasse bei Mikroprozessoren

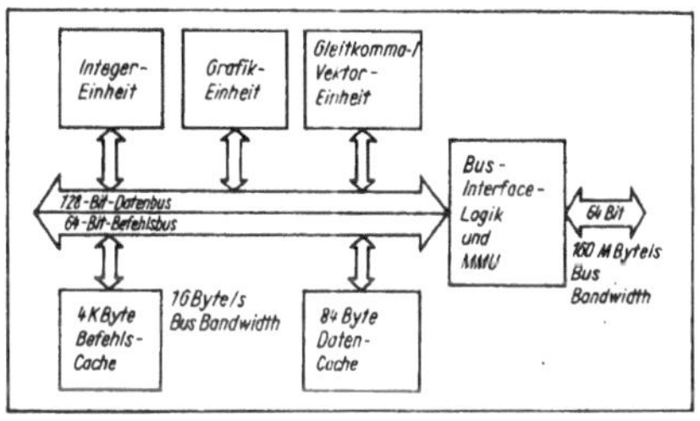

Im Rahmen der ISSCC '89 in New York stellte Intel einen neuen Mikroprozessor vor: den i860 (zunächst auch unter dem Namen N10 oder ONNY – „officially not named yet" – bekannt). In fünf Jahren Entwicklungszeit wurde im Rahmen eines eine Milliarde US-$ teuren Projekts (davon wurde ein Drittel für eine neue Fertigungsstätte aufgewendet) ein neuer Hochleistungsmikroprozessor entwickelt:

- gemischte 32-/64-Bit-Architektur
- drei interne, parallel arbeitende Ausführungseinheiten
- Verarbeitungsleistung maximal 120 Millionen Operationen je Sekunde, 33 VAX-MIPS, 10 MFLOPS, 500000 Grafiktransformationen je Sekunde (alle Angaben für 40-MHz-Taktfrequenz)
  - 1 μm CHMOS-IV-Technologie, mehr als 1 Million Transistoren, Chipgröße 1,5 cm mal 1 cm
  - Taktfrequenz zunächst 33 MHz, künftig 40 und 50 MHz
  - Preis 750 US-$ (ab 1000 Stück).

Worin besteht der konzeptionelle Unterschied zwischen dem Intel 80860 (i860) und dem Intel 80486 (i486)? Der i486 ist eine Reimplementierung des i386 in einem höheren Technologieniveau. Dabei kann ein funktionell erweiterter 32-Bit-Prozessor i386 gemeinsam mit einem i387-Subset sowie Daten- und Programmcaches auf einem Chip integriert werden. Somit besteht Softwarekompatibilität in der iX86-Familie. Dank der leistungsfähigeren Technologie wird die Befehlsausführung auf dem i 486 gegenüber dem i386 um den Faktor 2 bis 3 beschleunigt. (Siehe auch MP 12/1988, Seite 384.) Der i860 hingegen zielt auf ein neues Anwendungsgebiet für Mikroprozessoren und weist dementsprechend neue Architekturmerkmale auf: Grafiksuperworkstations und Superrechner. Er verfügt über drei separate, parallel arbeitende Ausführungseinheiten.

Die 32-Bit-Integereinheit ist nach dem RISC-Konzept gestaltet: gezielte Einschränkung der Vielfalt an Datentypen und Befehlen zugunsten einer schnellen Befehlsausführung und eines niedrigen Anteils an Chipfläche. Für 8-, 16-, 32- oder 64-Bit-Daten sind etwa 40 Basisbefehle definiert: Speicherzugriff (Lesen und Schreiben), Registertransfer, Addition und Subtraktion, Schiebebefehle, Logikbefehle, Programm- und Systemsteuerbefehle. 32 Datenregister zu je 32 Bit sowie einige Steuerregister sind diesem RISC-Kern zugeordnet. Die Gleitkommaeinheit kann wahlweise Daten mit 32 und 64 Bit verarbeiten (Erfüllung der Forderungen des Standards ANSI/IEEE 754-1985). Sie verfügt über getrennte Multiplizier- und Addiereinheiten. Daten können in einem 32 × 32-Bit-Registerfile mit fünf Toren zu verschiedenen internen Bussen in einer Organisation zu 32, 64 oder 128 Bit (Long-Integer) abgelegt werden. Unterstützt werden die Grundrechenarten, Quadratwurzel, Reziprokwert, Zahlenvergleiche sowie Befehle für Long-Integerdaten. Diese Befehle sind in verschiedenen Varianten zur optimalen Unterstützung der Parallelarbeit im Prozessor verfügbar. Eine besondere Gruppe von Doppelbefehlen ermöglicht in einem Befehl eine Kombination aus Addition bzw. Subtraktion und Multiplikation. Solche Befehle werden für die Vektorverarbeitung und für die Signal- und Bildverarbeitung (Faltungsoperation) benötigt.

Die dritte Einheit verarbeitet 3D-Grafikdaten (8, 16 oder 32 Bit). Wahlweise können diese Daten Intensitäts- und Farbinformationen in verschiedenen Auflösungsstufen sowie weitere Attribute und Texturen enthalten. Die Grafikbefehle beziehen sich auf einen Z-Puffer, in dem die dritte Koordinate eines räumlich lokalisierten Bildpunktes ausgewertet wird. Bilddaten können automatisch interpoliert und skaliert werden. Die Pixelspeicherung im Bildspeicher ist selektiv möglich (Unterdrückung von verdeckten Kanten).

Interne 4-KByte-Befehls- und 8-KByte-Datencaches sowie die Registerfiles gewährleisten, daß Daten und Befehle für Prozeduren (lokaler Programmkontext) auf dem Chip gehalten werden können und so ohne Speicherzugriff schneller erreichbar sind. Zwischen den Funktionseinheiten des i860 werden Daten über einen 128-Bit-Bus mit bis zu 533 MByte je Sekunde und Befehle über einen 64-Bit-Bus mit bis zu 266 MByte je Sekunde übertragen. Zusätzlich gibt es weitere Koppelbusse zwischen den einzelnen Einheiten, so daß die On-Chip-Datentransferrate insgesamt etwa 1,2 GByte je Sekunde beträgt. Das Businterface des i860 gestattet die parallele Verarbeitung von drei Buszyklen. Die Konzepte der virtuellen Speicherorganisation und der Cacheverwaltung wurden zum Teil dem i386 entlehnt: Adreßraum 4 GByte, seitenorganisierter Hauptspeicher (optimiert für DRAMS ab 256 KBit), *Translation Lookaside Buffer* mit 64 Referenzen zu Speichersegmenten in zwei Privilegierungsmodi, Speicherbankadressierung über 8 Enablesignale.

Die Interruptreaktionszeit beträgt maximal 66 Taktzyklen. Für Multiprozessorsysteme gibt es einen Busverriegelungsbefehl zur Gewährleistung eines ungeteilten Lese-/Schreibzugriffs auf den Speicher (LOCK) sowie ein Busrequestsignal für einen externen Busarbiter.

In der Prozessorarchitektur wurden weitere geschwindigkeitserhöhende Maßnahmen vorgesehen: Pipelineorganisation der Verarbeitungs- und Buszugriffseinheiten, Blocktransfer zur Cacheaktualisierung, überlappende Buszyklen (Aussenden der nächsten Adressen bereits während des Lesens der Daten des vorherigen Buszyklus), Unterstützung von Static-Column- oder Page-Mode-DRAMs.

Diese Architekturkonzepte konnten nur mit den Mitteln der Höchstintegration und unter Anwendung des RISC-Konzepts in einem Chip umgesetzt werden. Der i860 ist praktisch ein Multiprozessorsystem aus Spezialprozessoren auf einem Chip. Mit den eingangs genannten Verarbeitungsleistungen zielt der i860 auf einen neuen Anwendungsbereich für Mikroprozessoren: Supergrafikworkstations und Supercomputer. Nachdem Intel bereits Industriestandards für Mikroprozessoren der PC-Klasse (i286) und der Workstationklasse (i386) setzte, wird nun dieser Spitzenanwendungsbereich der modernen Rechentechnik erschlossen, für den in den kommenden Jahren besonders hohe Wachstumsraten erwartet werden. Bisher mußten Hochgeschwindigkeitstechnologien (ECL und GaAs) und/oder Multiprozessorsysteme (z. B. iPSC286-Hypercube) angewendet werden, um Superrechenleistung zu erreichen. Solche Lösungen sind aber sehr teuer und für die Masse der potentiellen Anwender unökonomisch. Supermini- und Superrechner kosteten bislang mehrere 100000 bis Millionen US-$. Für nur etwa 10000 US-$ kann nun ein IBM-AT um eine i860-Ergänzungskarte erweitert werden (Acceleratorboard). Superrechenleistung kommt damit auf den Schreibtisch des Anwenders, der künftig in einer UNIX-V.4.0-Umgebung in Fortran und C vor allem folgende Problemklassen effektiv bearbeiten kann: CAD – beispielsweise VLSI-/ULSI-Schaltkreisentwurf, bewegte 3D-Simulations- und Grafikprobleme („4D-Grafik", z. B. Simulation von Strömungsprozessen), Klimaforschung/Meteorologie (mittelfristige Wetterprognose) oder Bildverarbeitung. Solche Aufgaben können in skalare und vektorielle Verarbeitungsanteile, die sich parallel abarbeiten lassen, zerlegt werden.

Der i860 verfügt dafür über eine adäquate Prozessorarchitektur. Bei Vektorisierungsgraden von 50 bis 80% erreicht er noch mindestens 75% der Leistung einer CRAY1-80, und das zu einem Bruchteil des Aufwands. Vor allem der Schaltkreisentwurf erfordert zunehmend leistungsfähigere Rechner. Intel setzt bereits ein iPSC-Hypercube-System für Simulationszwecke ein. AT & T mußte beim Entwurf des RISC-Prozessors CRISP (Integrationsgrad 172000 Transistoren) auf ein ALLIANT-Minisuperrechnersystem zurückgreifen. Mit der zunehmenden Verbreitung höchstintegrierter anwendungsspezifischer Schaltkreise (ASICs) wird der Bedarf an hochleistungsfähiger, aber billiger Rechentechnik wachsen. Supercomputer und Superworkstations sind als Stimulus und zugleich als Randbedingungen für den Fortschritt beim VLSI-/ULSI-Schaltkreisentwurf anzusehen.

Etwa 1991/92 ist mit einem Multiprozessorsystem auf der Basis des i860 aus bis zu 1000 Prozessoren zu rechnen. Damit werden Verarbeitungsleistungen von etwa 20 Milliarden Gleitkommaoperationen je Sekunde (GFLOPS) erreichbar sein (Supercomputer des oberen Leistungsbereichs). Ein entscheidendes Problem, das bis dahin aber gelöst werden muß, ist die Bereitstellung geeigneter Softwareentwurfsumgebungen für die Anwender: Nur wenn eine effektive Zerlegung der Algorithmen in parallel abzuarbeitende Teilaufgaben gelingt, kann das Leistungsvermögen des Parallelrechners ausgeschöpft werden. Dazu bedarf es neuer, anwenderfreundlicher Programmierwerkzeuge.

guv

MODULA-2

von H. Schiemangk, 1. Aufl., VEB Verlag Technik, Berlin 1989, 240 S., 4 Bilder, 6 Taf., DDR 24,– M

MODULA-2 ist eine kleine, überschaubare Sprache, die zu diszipliniertem Programmieren erzieht. Für alle gängigen 16- und 32-Bit-Rechner existieren inzwischen leistungsfähige MODULA-2-Compiler und dazugehörige Programmierumgebungen. MODULA-2 unterstützt den Aufbau komplexer Programme aus kleinen übersichtlichen Bausteinen, genannt Module, die separat compiliert und getestet werden können. Die Schnittstellen zwischen den einzelnen Bausteinen werden dabei vom Programmierer separat spezifiziert, und der Compiler überwacht dann die Einhaltung dieser vordefinierten Schnittstellen. Mit dem Buch setzt sich der Autor das Ziel, Programmieranfänger an die Sprache MODULA-2 heranzuführen. In einem einleitenden Abschnitt wird ausführlichst an Hand eines leicht verständlichen Beispiels die Arbeitsweise mit Bausteinen in MODULA-2 erläutert. Es folgt ein Abschnitt, in dem die Arbeitsweise eines MODULA-2-Systems aus der Sicht des Anwenders beschrieben wird, das heißt der Weg vom Quelltext zum abarbeitbaren Programm. Die benutzten Kommandos entsprechen dabei im wesentlichen dem MODULA-2-System des Kombinates Robotron unter DCP.

Den Hauptteil des Buches bildet die Sprachbeschreibung von MODULA-2. Dabei sind in jedem Kapitel ausführliche nichttriviale Beispiele enthalten, die dem Lesenden sowohl das Verstehen erleichtern als auch Denkanstöße geben und Programmiertechniken vermitteln. Der Autor stellt alle wesentlichen Sprachelemente und Konstruktionen der Sprache MODULA-2 ausführlich und verständlich dar. Sehr kurz werden lokale Module und die Möglichkeiten der Benutzung des Moduls „SYSTEM" dargestellt. Nicht behandelt wird das Koroutinenkonzept von MODULA-2. Die in den meisten MODULA-2-Systemen vorhandenen Möglichkeiten der maschinennahen Programmierung werden ebenfalls nicht berücksichtigt.

Abschließend kann festgestellt werden, daß dieses Buch für jeden Programmieranfänger bzw. jeden Programmierer, der sich mit MODULA-2 vertraut machen will, empfehlenswert ist. Es ist ein didaktisch gut aufgebautes Lehrbuch für MODULA-2. Als Nachschlagewerk für den versierten MODULA-2 Programmierer ist es nur bedingt geeignet.

Dr. J.-P. Bell

TECHNIK EN MINIATURE

Stippvisite bei der Mikrotechnik

von B. Winde und J. Heim, 1. Auflage, Urania-Verlag Leipzig/Jena/Berlin, 1988, 120 S., 34 Abbildungen, DDR 7,50 M

Ein unkomplizierter Titel für eine komplizierte Sache. Bertram Winde und Joachim Heim versuchen, sich dem Begriff Mikro von verschiedenen Seiten zu nähern. Was sie dabei erreichen wollen? Einerseits am Beispiel von Makrotechniken zu zeigen, wie Mikrotechniken funktionieren bzw. wie diese sich aus Makrotechniken entwickeln und andererseits den engen Zusammenhang verschiedener Mikrotechniken aufzuzeigen: „Die Mikroelektronik als technologische Wiege für Mikromechanik, Mikrooptik und weitere Mikrotechniken".

Das Lesen dieser Broschüre im Westentaschenformat fällt leicht. Sie ist mit vielen interessanten Vergleichen versehen, die ständig zum Weiterlesen anregen. Hinzu kommen ein guter Sprachstil und eine sehr gute didaktische Aufarbeitung. Das Büchlein eignet sich deshalb für jeden, der wissen möchte, welche Möglichkeiten die Mikroskopie (eine Voraussetzung für jede Mikrotechnik) bietet, was Tomographie ist, wie sich die Computer entwickelten und wie diese sich in ihrer Leistung vom menschlichen Gehirn unterscheiden. Nicht zuletzt wird „fast nebenbei" erklärt, wie ein integrierter Schaltkreis hergestellt wird. Auch die Optoelektronik wird gestreift: vom Bildleitkabel über Lichtwellenleiter bis hin zu einem der neuesten Gebiete der Halbleitertechnik, der integrierten Optik. Das wohl Faszinierendste ist jedoch die Mikromechanik. Ausgehend von der Funktionsweise unseres Ohres beschreiben Bertram Winde und Joachim Heim die Herstellung von einem Mikrofon und von einem kompletten Gaschromatographen auf einer Siliziumscheibe. Die rasante Entwicklung der Mikrotechniken einschließlich der Mikromechanik lassen das Stellen von Prognosen immer schwieriger werden. So ist beispielsweise die Aussage, daß die Miniaturisierung von Drehteilen oberhalb von 100 μm aufhört, schon wieder überholt; neueste Meldungen aus der Universität Berkeley berichten über die Entwicklung eines Motors mit einem Durchmesser von nur 60 μm.

Mit der Art und Weise der Darstellung ist die vorgestellte Broschüre geeignet, einem sehr breiten Leserkreis Begriffe, die oft nur als Schlagwörter bekannt sind, anschaulich und leicht verständlich zu erklären. Die Autoren, von Beruf Hochschullehrer, setzen damit Maßstäbe. Sie werten die Technik en miniature zwar als nur *einen* Aspekt der Entwicklung von Schlüsseltechnologien, aber als einen sehr wichigen: „Denn auch in Zukunft gilt eine jahrhundertealte Spruchweisheit: Klein ist fein".

H. Hemke

dBase III Plus in 100 Beispielen

von R. Dierenbach und W. Mehl, B. G. Teubner Stuttgart: 1989, 300 S., DM 32,–, ISBN 3-519-02546-9

Das gegenwärtig für IBM-kompatible PCs wohl am weitesten verbreitete Datenbankbetriebssystem dBase III Plus wird mit dem vorliegenden Buch auf äußerst angenehme, ja unterhaltsame Weise dargeboten. Dazu trägt auch die ansprechende Gestaltung bei. In den 13 Abschnitten kann sich jeder Computerneuling von den Anfängen, der Funktion eines PC, über den Aufbau und die Nutzung von Datenbanken und deren Auswertung bis hin zur Anwendung von "dBase III Plus im Netzwerk" verführen lassen.

Die wichtigsten Befehle zum Anlegen einer dBase III Plus-Datenbank sind in einem speziellen Abschnitt zusammengefaßt und werden an Beispielen ausführlich erläutert.

Die dabei dem ernsthaften Thema zunächst unangemessen erscheinende Auswahl des Beispiel-Datenbankinhalts lockert jedoch meines Erachtens den Umgang mit einer gerade für den Laien schier unübersehbaren Fülle von gleichzeitig einstürmenden Informationen erheblich auf und läßt den Umgang mit dem PC geradezu spielerisch werden.

Daß der Wissenschaftlichkeit dadurch kein Abbruch getan wird, zeigt die exakt beschriebene Syntax der einzelnen Befehle – auch hier natürlich eine leicht verständliche Erläuterung kompliziertester Vorgänge. Wer sich trotzdem noch unsicher wähnt, kann sich im gleichnamigen Abschnitt über den Assistenten als dem „Stützrad von dBase III Plus" ausgiebige Hinweise holen.

Neben den Funktionen von dBase III Plus werden die Befehle zum Sortieren und Indizieren sowie die integrierten Generatoren für Listen und Aufkleber ausführlich erläutert.

Breiten Raum nimmt auch der Abschnitt „Programmieren mit dBase III Plus" ein. Können doch erst durch diese Kenntnisse die Möglichkeiten sowohl des Einzelnutzerbetriebes als auch der abschließend beschriebenen Netzwerknutzung voll ausgeschöpft werden. Für den (potentiellen) Programmierer sind darüber hinaus einige Tips und Tricks im Umgang mit dBase III Plus enthalten. Die beiden Beispielprogramme zeigen die wichtigsten Standardsituationen (Editieren, Sortieren und Anzeigen von Daten, Menüs und anderes sind auf unterschiedliche Weise programmiert).

Nützlich für viele dBase II-Nutzer wären zum Übergang zu dBase III Plus meines Erachtens einige Hinweise, wie die mühsam eingetippten Namen, Telefonnummern oder ähnliches nun mit einem neuen PC weiterverwendet werden können. Dierenbach und Mehl hüllen sich leider in Schweigen über dieses ihnen sicher bekannte Thema. Vom Verlag wünsche ich mir für dBase IV eine noch besser auf teilweise verwirrende Druckfehler durchgesehene Ausgabe.

Alles in allem liegt uns ein Buch vor, das dem Einsteiger ein systematisch aufgebautes Lehrmaterial und dem Fortgeschrittenen ein angenehmes Nachschlagewerk sein dürfte.

H.-J. Hill

Künstliche Intelligenz

KI – Einführung und Anwendungen

von E. Rich, McGraw-Hill Book Company GmbH, Hamburg 1988, 468 S., etwa 180 Literaturstellen

Elaine Rich, Pionier der Forschung und Lehre zur künstlichen Intelligenz in den USA, legt ein Buch vor, das mit der KI selbst gewachsen und damit zeitlos geworden ist. Das Buch gibt eine sehr gute Einführung in die Begriffswelt der KI. Es bietet alle Voraussetzungen für ein autodidaktisch erwerbbares, tiefes Verständnis der Grundbegriffe und ihrer Beziehung zueinander. Es ist Einführung und Nachschlagewerk zugleich.

Lehrbuchhaft verbindet es Stoffvermittlung mit Stoffvertiefung und Anwendung durch zahlreiche anschauliche Übungen. Das erste Kapitel erörtert die Frage: „Was ist künstliche Intelligenz?" wobei die „Väter der KI" Newell, Simon, Feigenbauen und Robert Rich insbesondere Pate standen. Das zweite Kapitel behandelt das KI-Zentralproblem unserer Zeit, das *Problemlösen* als eine zielgerichtete, selbständige Bewegung durch einen Wissensraum. Folgerichtig beschreibt das vierte Kapitel eine Auswahl grundlegender Problemlösungsverfahren als Operationen in Zustands-Handlungs-Bäumen. Dazu wird die Wissensbasis mit geeigneten Merkmalen als Problemlösungsobjekt eingeführt.

Besonders hervorgehoben sind die „schwachen" *Suchverfahren* im Unterschied zu den „direkten": Erzeugen und Prüfen; Bergsteigen; Breitensuche; Bestensuche u. a. Eine entsprechende Bewertung erhalten geeignete Suchalgorithmen. Spiele sind sehr anschauliche Beispiele im 4. Kapitel.

Der zweite Teil des Buches (Kapitel 5, 6, 7) befaßt sich sehr systematisch mit der *Wissensdarstellung*, wobei die *Prädikatenlogik* als Grundverfahren der Wissenspräsentation erscheint. Ein Schlüsselbegriff ist die „natürliche *Deduktion*" als wichtigstes Schließverfahren. Ergänzend werden die „nichtmonotone Logik" und die „Wahrscheinlichkeitsschlüsse" behandelt, wobei die praktische Bedeutung jeweils hervorgehoben wird.

Als ein wichtiger – vielleicht entscheidender Aspekt der Wissensdarstellung – wird die *Strukturierung* besonders aus der Sicht der deklarativen Repräsentation beschrieben: semantische Netze, Rahmen, Spripte.

Unter dem Aspekt „Fortgeschrittene Themen" baut der dritte Teil (Kapitel 8, 9) die Grundlagenthemen aus, um zugleich z. B. mit Planungstechniken (einfache, nichtlineare, hierarchische) das Begriffsfeld mit Lösungsverfahren auf Expertensystemen zu erweitern.

Nahezu außerhalb der inneren Logik des Buches – aber ganz wichtig für die Mensch-Maschine-Schnittstelle – wird die Verarbeitung der *natürlichen Sprache* behandelt (Gestaltung der Dialog- und Erklärungskomponente).

Das Buch ist in einer didaktisch guten Sprache geschrieben. Es ist nahezu voraussetzungsfrei (Ingenieurkenntnisse) lesbar und somit ein „immer gültiges Einstiegswerk" mit gehobenem Anspruch. Da Programme nicht enthalten sind, gibt es auch kein Problem ihrer Implementierbarkeit auf verfügbaren Maschinen. Wer sich mit KI beschäftigen will, sollte dieses Buch lesen. *Prof. Dr. Dr. M. Roth*

Leipziger Frühjahrsmesse 1989

Der erste Teil unseres Berichtes von der Leipziger Frühjahrsmesse 1989 in MP 7/1989 widmete sich dem Leitthema der Messe „Flexible Automatisierung" sowie den Rechnern der Klassen Mini und Mikro. Im zweiten Teil wollen wir Ihnen Exponate der Computerperipherie, von Applikationen und Netzen von PCs, von Bauelementen sowie Software vorstellen.

Peripherie

Eine unabdingbare Voraussetzung für Computer Aided Design (CAD) ist die Möglichkeit der Zeichnungsherstellung. Dazu werden meist Plotter eingesetzt. Der neue A3-Plotter **K 6416** vom Kombinat Robotron (Bild 1; Farbbilder siehe 2. und 3. Umschlagseite) hat eine Auflösung von 0,01 mm und eine Zeichengeschwindigkeit von 300 mm/s. Durch erweiterten Randmodus können technische Zeichnungen mit standardgerechter Größe der Umrandungen und des Schriftfeldes erzeugt werden. Es können sowohl weißes Papier als auch Transparentpapier oder Folien in 8 Strichstärken oder Farben beschriftet werden. Der Datenpuffer hat eine Größe von 14 KByte.

Das polnische Unternehmen Z. M. P. Mera Poltik Lodz bot den A4-Plotter **MDG-1** mit einer mittleren Zeichengeschwindigkeit von 63 mm/s und einer Auflösung von 0,2 mm an. Mit seiner kompakten Bauweise (300 × 190 × 85 mm³) eignet er sich sehr gut für die Aufstellung in Büros. Als Schnittstellen stehen Centronics und V.24 zur Verfügung. Er besitzt 4 Stifte und kann in den zwei Betriebsarten Text und Grafik arbeiten.

Als Drucker verwendbar ist die ebenfalls auf der LFM '89 erstmals ausgestellte Schreibmaschine **Erika electronic S 6007** von Robotron (Bild 2). Gegenüber dem Vorgängermodell Erika S 6006 hat sie den Vorteil, daß sich das Typenrad zum schnelleren Wechsel in einer Kassette befindet; auch der Farbbandwechsel wurde wesentlich vereinfacht. Statt der bisher 3 Schnittstellen-Module besitzt die S 6007 nur *ein* Uni-Modul (im Bild 2 links), das die Schnittstellen Centronics, Commodore und V.24 enthält. Typenräder mit den Zeichensätzen IBM, Schneider, Commodore und Schreibmaschine sind verfügbar. Die Arbeitsweise der einzelnen Schnittstellen kann mit den im Uni-Modul vorhandenen DIL-Schaltern modifiziert werden.

Die Firma Epson hatte neben Personal- und Handheldcomputern selbstverständlich auch ein Sortiment an Drucktechnik ausgestellt. Darunter den ersten 48-Nadeldrucker der Welt, den **TLQ 4800**, für den eine Auszeichnung für gutes Design in Empfang genommen werden konnte. Auf eine Beschreibung des Druckers sei hier verzichtet, da wir ihn bereits in MP 6/88 ausführlich vorstellten. Weitere Spitzenprodukte waren der Tintenstrahldrucker SQ 2550 und der neue Laserdrucker GQ 5000.

Bei dem **SQ 2550** (Bild 3) wird besonders hervorgehoben, daß nun auch bei einem Tintenstrahldrucker der hohe Bedienkomfort geboten wird, den der Anwender von Nadel-Matrixdruckern kennt. Der SQ 2550 kann sowohl Endlospapier als auch Einzelblätter bis zum Format A3 verarbeiten (das A4-Modell heißt SQ 850). Eine neue Parkposition ermöglicht die parallele Verarbeitung der verschiedenen Papierarten ohne umständliche Umbauten am Drucker. Das Heranfahren des Endlospapiers an die Abreißkante nach der Abarbeitung der anliegenden Daten sowie der Einzug von Einzelblättern über wahlweise ein oder zwei Schächte werden automatisch ausgeführt. Der halbautomatische Einzelblatteinzug über Schubtraktor und Friktionswalze ist Standard, optional ist ein Aufsatz-Zugtraktor. Der Druckkopf besitzt 24 Düsen und eine Reinigungsautomatik für einen wartungsfreien Betrieb. Damit wird die hohe Grafikauflösung von 360 dpi (dots per inch – Punkte/Zoll) ermöglicht, so daß der Drucker auch für den Einsatz im CAD- und im DTP-Bereich gut geeignet ist. Die Druckgeschwindigkeit beträgt bei Schnellschrift bis zu 594 Zeichen/s und bei Schönschrift bis 198 Zeichen/s. Auf Durchschläge muß man beim Tintenstrahldruck jedoch bekanntlich ebenso wie beim Laserdrucker verzichten.

Dies trifft also auch auf den Laserdrucker **GQ 5000** zu (Bild 4), mit dem Epson nun auch dieses Marktsegment in seiner Produktpalette ausfüllt. Der GQ 5000 ist ein typischer Vertreter der gegenwärtigen leistungsfähigen Tisch-Laserdrucker. Er liefert wie die meisten Geräte dieser Klasse eine Auflösung von 300 Punkten/Zoll und hat eine Druckgeschwindigkeit von 6 Seiten/Minute. Eine Neuheit soll dagegen das zweizeilige Bedienfeld darstellen, über das man sämtliche Funktionen des Druckers speichern und aufrufen kann und das den Umgang mit dem Gerät bedeutend erleichtern soll. Hervorgehoben wird auch die Möglichkeit, in drei Slots gleichzeitig IC-Karten mit verschiedenen Zeichensätzen laden zu können.

Auch der – wie Epson zur japanischen Seiko Group gehörende – Druckerhersteller Seikosha hatte zur LFM '89 seine Spitzenprodukte mitgebracht. So den schnellsten Matrixdrucker der Welt, den **SBP-10 AI** (vorgestellt in MP 2/89, S. 60) und den neuen 24-Nadeldrucker mit Programmkarte, den **SL-230 AI** (vorgestellt in MP 7/89, 3. Umschlagseite). Neu ist ebenfalls der 9-Nadeldrucker **SP-1600 AI** (Bild 5). Er hat eine Druckgeschwindigkeit von 160 Zeichen/s bei Schnellschrift und 27 Zeichen/s bei NLQ. Die 11 internationalen Zeichensätze können über Software und DIP-Schalter angewählt werden. Der 2,3 KByte große Druckpuffer läßt sich auf bis zu 8 KByte erweitern. Unser Bild zeigt den SP-1600 AI und die automatische Einzelblattzuführung, mit welcher der Drucker anstelle der serienmäßigen halbautomatischen Einzelblattzuführung ausgestattet werden kann.

Als einer der bekanntesten Produzenten von Festplattenlaufwerken gilt die US-amerikanische Seagate Technology Inc. Die Firma ist seit 1979 auf dem Markt und soll – nach eigenen Angaben – mit einem Ausstoß von 20 000 Einheiten pro Tag gegenwärtig zwei Drittel der in der Welt produzierten PCs mit Festplattenlaufwerken ausstatten. Aus dem reichhaltigen Angebot wurden in Leipzig die beiden 5,25-Zoll-Winchestermodelle ST 225 N und ST 238R vorgestellt (Bild 6). Das **ST 225N** hat eine formatierte Kapazität von 21,3 MByte und eine mittlere Zugriffszeit von 20 ms. Die Aufzeichnungsdichte beträgt 9,83 bpi (bit per inch) bei dem MFM-Aufzeichnungsverfahren. Als Interface dient das schnelle SCSI. Das Laufwerk **ST 238R** hat eine formatierte Kapazität von 32,7 MByte (unformatiert 38,4 MByte) und ebenfalls eine mittlere Zugriffszeit von 20 ms. Die Aufzeichnungsdichte beträgt hier dank des RLL-(2,7)-Aufzeichnungsverfahrens 14,7 bpi. Es wird das Interface ST 412 verwendet.

Die Firma RISTO ist seit Jahren auf der Leipziger Messe als Aussteller von Computermöbeln und nützlichem Zubehör vertreten. In diesem Jahr zeigte man als Komplettierung eines Computerarbeitsplatzes den neuen Kleinschneider **Böwe 355**, der speziell auf die Belange des Büroalltags abgestimmt ist (Bild 7). Vom dünnen Papier (40 g/m²) bis zum 200 g/m² schweren Karton werden Vordrucke rundum exakt geschnitten, und zwar auch Mehrfachsätze. Die Bedienung ist ähnlich einfach wie bei Kopierern: 16 verschiedene Formate werden entweder schon bei Lieferung des Gerätes eingegeben oder später vom Bediener selbst abgespeichert und bei Bedarf über das Bedienpaneel abgerufen.

Im Zusammenhang mit der Vorstellung von Modellen des neuen IBM PS/2 zur LFM '88 hatten wir auf das Problem verwiesen, welches damit entstand, daß IBM 3,5-Zoll-Disketten als neuen Standard wählte. Das heißt, die neuen Modelle können mit den standardmäßigen Laufwerken nicht mehr die 5,25-Zoll-Disketten verarbeiten, die bei PC-Nutzern in den letzten Jahren eine große Verbreitung gefunden haben. Um dem abzuhelfen, boten schon bald Hersteller externe Laufwerke an, und seit einiger Zeit gehört auch IBM dazu. Das Bild 8 zeigt ein solches **Beistellgefäß** am PS/2-Modell 30 im Angebot der Firma IBM ROECE aus Wien.

Applikationen und Netze mit PCs

Für das Publizieren am Schreibtisch (DTP – desktop publishing) hat die Firma Apple um die Jahreswende einen neuen Anwendungsschwerpunkt propagiert. Anhand von Untersuchungen soll festgestellt worden sein, daß der typische Ingenieur nur etwa ein Drittel seiner täglichen Arbeitszeit mit dem Konstruieren und anderen technisch-wissenschaftlichen Aufgaben verbringt. Der weitaus größere Teil dagegen entfällt auf das Abfassen von Konzepten, Kalkulationen, Berichten oder das Erstellen von Dokumentationen. Hier sieht die Firma den Ansatzpunkt für das „Desktop Engineering" und damit verbunden natürlich wachsende Absatzchancen. Profitieren von einer solchen Argumentation dürften dabei sicher auch alle anderen Anbieter von DTP-Systemen.

Die Handelsfirma Transcommerz bot zur LFM eine **DTP**-Konfiguration an, deren Basis ein 286er PC war, der, wie auch ein XT-kompatibler PC, unter dem Namen Büro Datic von der Firma seit kurzem selbst gefertigt wird (Bild 9). Als Layoutprogramm zum Gestalten von einfachen Formularen, Prospekten und Dokumenten unter Einbeziehen von Bildern und Grafiken dient das DTP-Programm PageMaker. Das Eingeben der Dokumente, Grafiken und Fotos erfolgt beispielsweise über den neuen Tisch-Scanner HP ScanJet PLUS mit einer Auflösung von 300 Punkten pro Zoll. Von seinem Vorgänger unterscheidet sich der „PLUS" durch die Möglichkeit von jetzt wahlweise 64 oder 256 Graustufen, 256 Kontraststufen, 256 Helligkeitsstufen und die höhere Scangeschwindigkeit von 10 Sekunden für eine A4-Seite (bei 300 dpi). Als Ausgabemedium war der Tischlaserdrucker Laserstar 6 von AEG Olympia angeschlossen. Das Gerät leistet eine Druckgeschwindigkeit von 6 Seiten/Minute und hat eine Auflösung von 300 Punkten/Zoll.

Mit der Entwicklung der Computertechnik wächst auch die Nachfrage nach der Kopplung der Rechner. Dabei steht weniger das Übermitteln von Informationen als das gemeinsame Nutzen großer Datenbestände im Vordergrund. Die zur Zeit noch am häufigsten eingesetzten Rechnernetze sind die LANs (Local Area Network). Das Kombinat Robotron war dieses Mal mit dem neuen LAN **EC-NET** vertreten. Es ist aus ROLANET 1-Baugruppen aufgebaut und dient ausschließlich dem Vernetzen der Personalcomputer EC 1834. Das Programmpaket EC-NET unter dem Betriebssystem DCP 3.30 bedient die international verbreitete NETBIOS-Schnittstelle. Damit sind solche Funktionen wie Senden, Empfangen und Speichern von Nachrichten sowie das Bereitstellen von Disketten, Verzeichnissen und Druckern zur gemeinsamen Nutzung im LAN verfügbar. Der Zugriff zum Netz ist über Programme wie dBase III Plus und ARIADNE, über Programmiersprachen wie C und T-PASCAL sowie über DCP-Kommandos wie DIR und COPY möglich.

Weiterhin wurden von Robotron neue Anwendungen für das **SCOM-LAN** vorgestellt. So wurde neben Programmen für Literaturrecherche und gemeinsame Datenbanknutzung die Kopplung mit digitaler Richtfunktechnik (Bild 10) demonstriert. Zum Einsatz kommen die digitalen Richtfunkeinrichtungen PCM 10-300/400/800. Sie dienen der Datenübertragung über große Entfernungen und bei schwierigen Geländeverhältnissen. Dabei können sowohl einzelne entfernte SCOM-LAN-Teilnehmer als auch mehrere LANs gekoppelt werden. Der Abstand zwischen zwei Richtfunkstationen kann 50 km betragen. Ein Übertragungsweg enthält 10 Kanäle mit einer Übertragungsgeschwindigkeit von bis zu 64 kBit pro Sekunde. Ist die Anzahl der anzuschließenden Datenstationen größer als 10, werden Datenmultiplexer, die mehrere Datensignale mittlerer Bitrate (0,6 bis 9,6 kBit pro Sekunde) zu einem 48- oder 64-kBit/s-Signal zusammenfassen, dazwischengeschaltet.

Das ungarische Unternehmen Videoton war zum 20. Male in Leipzig vertreten. Es stellte erstmals eine Lösung zur Integration eines EC 1834 in ein **NOVELL-LAN** vor (siehe Bild 11). Als Hardware wird hierfür das ARCNET (mit einer Übertragungsgeschwindigkeit von 2,5 MBit/s) oder das Ethernet (10 MBit/s) angeboten. Der 32-Bit-Mikrorechner VT 180 diente als Server. LAN-Teilnehmer können der VT 110, der VT 160 oder andere XT- bzw. AT-kompatible Rechner sein. Die Netzsoftware ist kompatibel zu Novell Advanced Netware 286 oder zu Novell System Fault Tolerant Netware 286. Sie enthält Funktionen wie kontrollierter Zugriff zu gemeinsamen Dateien, Anlegen von Sicherheitsduplikaten der Directories und Dateibeschreibungstabellen, parallele Behandlung von Magnetplatten sowie ständige Kontrolle und Fehlermeldung. Über einen Gateway-Dateitransfer kann eine Kopplung an das Ethernet-Netz des VT 32 und des R 11 erfolgen.

Gegenüber den LANs werden sich in Zukunft stärker die ISDNs durchsetzen (Integrated Services Digital Networks = Dienste integrierende digitale Netze). Sie bieten den Vorteil, daß sie in einem Netz (über eine Leitung) sowohl Datenkommunikation als auch Fernsprechen, Fernkopieren, Bildschirmtext und Teletext vereinen. Die Standard Elektrik Lorenz AG (SEL) Stuttgart bot das **SYSTEM 12 B**, eine Variante der öffentlichen digitalen Vermittlungsstelle SYSTEM 12 für das Büro, an (siehe Bild links unten). Bei 100 Nebenstellen beginnend, ist das SYSTEM 12 B bis weit über 3000 Nebenstellen in kleinen oder in größeren Schritten erweiterbar. Es erlaubt die Datenkommunikation hausintern zwischen PCs, zum öffentlichen ISDN oder zwischen Terminals und Hostrechnern. Die Datenkommunikation ist sehr leicht über die im SEL-Komforttelefon integrierten Schnittstellen V.24 und V.25bis in zwei Varianten möglich. Die Kopplung erfolgt erstens über eine V.24/V.25bis-Schnittstelle mit maximal 9600 Baud für PCs und asynchrone Terminals sowie über einen Koax-Adapter für 3270-Terminals. Zweitens ist die Nutzung der zwei 64-KBit/s-Kanäle als „Mehrdienste-Anschluß" möglich; sie erlaubt eine diensteunabhängige Mischkommunikation. Über Terminaladapter können die Teilnehmer mit V.24-, X.21- oder Koax-Schnittstellen angeschlossen werden.

In unserem Bericht von der Budapester Messe 1988 (s. MP 10/88) hatten wir gezeigt, wie ein A 7150 mit der Zusatzfunktion eines Fernschreibers ausgestattet werden kann. Die dazu von der ungarischen Firma Triton entwickelte Lösung, eine Anschluß-Steckeinheit und das Softwarepaket Gepard-16, wurde zur LFM an den Ständen von Robotron und Triton gezeigt. Mit dem **Telex-PC** können durch Selbstwahl Telexteilnehmer im nationalen und internationalen Telexnetz erreicht werden. Daneben ermöglicht er ohne Beeinträchtigung dieser Dienstleistungen die Abarbeitung beispielsweise der üblichen Büroaufgaben.

Mit dem von Transcommerz angebotenen automatischen Telexprozessor **textMaster 1000** (Bild 12) der Firma MARK können bis zu zwei Terminals an eine Telexlinie angeschlossen werden. Als Terminal können dabei elektronische Schreibmaschinen, PCs oder auch lokale Datennetze Verwendung finden. Über das Zusatzgerät lassen sich Telexmitteilungen vom eigenen Terminal aus vorbereiten, absenden und empfangen, wodurch Zeit- und Kostenersparnisse erreicht werden. Der textMaster 1000 arbeitet dabei nach dem Speichervermittlungsverfahren (store and forward). Nachdem die Telexmitteilungen am Terminal geschrieben wurden, werden sie dem textMaster 1000 übertragen, der die Absendung automatisch steuert. Eingehende Telexe werden im textMaster 1000 bis zur Übertragung an die Terminals zwischengespeichert.

Der gleichen Aufgabenstellung dient das von Rank Xerox angebotene Telexmanagementsystem **TelexBox 3** (Bild 13). Auch die TelexBox dient als Telexschnittstelle für Schreibmaschine, Textverarbeitungsautomat oder PC und erlaubt das Senden und Empfangen im Hintergrund. Ebenso sind weitere benutzerfreundliche Funktionen wie Zwischenspeicherung, Kurzwahl, Rufwiederholung und anderes vorhanden.

Bauelemente

• Mikroprozessorschaltkreise

Das Mikroprozessorsystem U 80600 ist das zweite 16-Bit-System nach dem U 8000 aus dem Kombinat Mikroelektronik Erfurt. Es wird mit seinen konzipierten 20 Komponenten eine neue Generation von Personalcomputern und Steuerungssystemen in der DDR ermöglichen (zum Beispiel ICA 720). Die zur Frühjahrsmesse erstmals gezeigten vier neuen Typen dieses Systems sind die zentrale Verarbeitungseinheit (CPU), der Buscontroller, der DRAM-Controller sowie der Schaltkreis zur Fehlererkennung und -korrektur (EDC).

Die zum K 1810 WM86 (UdSSR) abwärtskompatible CPU **U 80601** (Bild unten) wird eine maximale Taktfrequenz von 16 MHz erreichen. Ihre Hauptverbesserungen sind die zwei Adressierungsmodi *real* und *protected* sowie der damit verbundene vollständige Speicherschutz als Voraussetzung für Multitasking. Die Statussignale der CPU werden vom Buscontroller **U 80606** dekodiert, der daraus die entsprechenden Lese- und Schreibkommandos für den Bus des Rechners erzeugt. Der DRAM-Controller **U 80610** vereinfacht den Aufbau von dynamischen Speichern, die aus Schaltkreisen mit 16, 64 oder 256 KBit bestehen können. Er verwaltet einen Adreßraum von maximal 2 MByte und eignet sich für die Ansteuerung von Dual-Port-RAMs. Zusammen mit dem EDC **U 80608** ermöglicht er das Erkennen und Korrigieren von Fehlern sowie einen einfachen Aufbau großer Speicherarrays. Diese vier Schaltkreise des Systems U 80600 haben wir bereits ausführlich in MP 5/1989 vorgestellt.

Neben der noch vorherrschenden NMOS-Technik setzt sich in der Mikroelektronik die CMOS-Technik mehr und mehr durch. Die klassischen Vorteile der NMOS-Technik – höherer Integrationsgrad, höhere Geschwindigkeit, geringerer Preis – werden mit der Weiterentwicklung der CMOS-Technik ausgeglichen. Die Mikroprozessorfamilie U 84C00 vom Kombinat Mikroelektronik Erfurt ist die erste 8-Bit-CMOS-Familie aus DDR-Produktion. In Leipzig zu sehen waren die Schaltkreise CPU **U 84C00** (Bild rechts oben), PIO **U 84C20**, CTC **U 84C30** und SIO **U 84C40** (Bild rechts Mitte) mit Taktraten von 2,5 MHz (zum Beispiel U 84C00 DC02) und 4 MHz (zum Beispiel U 84C00 DC04). Alle Schaltkreise dieser Familie sind software- und hardwarekompatibel zur Familie U 880. Hinzu kommen die Vorteile: geringerer Stromverbrauch und höhere Zuverlässigkeit. Die folgende Aufstellung zeigt einen Vergleich der Stromaufnahme (bei 4 MHz):

	U 84C00-Familie	U 880-Familie
CPU	25 mA	200 mA
PIO	5 mA	100 mA
CTC	7 mA	120 mA
SIO	15 mA	130 mA

Eine weitere Senkung des Stromverbrauchs wird durch den Schlafmodus erreicht, den die Schaltkreise des U 84C00-Systems einnehmen können, wenn keine Aktivität des Rechners nötig ist. Die Einnahme des Schlafzustandes wird von einem Taktgenerator/-controller (CGC) gesteuert.

Das System U 84C00 wollen wir in einem der nächsten Hefte ausführlich vorstellen.

Das Kombinat Mikroelektronik Botevgrad (VR Bulgarien) bot erstmals in Leipzig das 16-Bit-Mikroprozessorsystem SM 688 an. Es ist kompatibel zum Intel-System 8088. Unter anderem waren die Schaltkreise CPU **SM 688** (Bild unten), DRAM-Controller **SM 637**, Floppy-Controller **SM 609** und Harddisk-Controller **SM 610** ausgestellt.

Für die Verringerung des Platzbedarfs von Schaltkreisen setzt sich international der Einsatz von oberflächenmontierbaren Bauelementen (SMDs) durch. Dem trägt das Kombinat Mikroelektronik Erfurt mit der Vorstellung der 8-Bit-Einchiprechner **U 883** und **U 886** sowie des 64-KBit-DRAMs **U 2164** und des fensterlosen 32-KBit-EPROMs **U 2632** als SMDs Rechnung (Bild 14).

• ASICs

Gegenüber herkömmlichen Bauelementen in SMD-Ausführung läßt sich der Platzbedarf ganzer Schaltungen wesentlich effektiver durch den Einsatz von anwenderspezifischen integrierten Schaltkreisen (ASICs) – die wiederum SMDs sein können – verringern. Das Kombinat Carl Zeiss JENA bietet seit einigen Jahren zwei verschiedene ASIC-Typen an: das CMOS-Gate-Array-System U 5200 und den Standardzellenschaltkreis U 1500/20 (der U 1500 unterscheidet sich vom U 1520 nur durch die Zahl der Verdrahtungsebenen). Während die Gate-Arrays auf vorgefertigten Siliziumscheiben eine feste Anzahl und Lage der Funktionselemente sowie feste Chipflächen und Pinzahlen verlangen, dafür aber schneller und billiger erhältlich sind, erlauben die Standardzellenschaltkreise eine variable Standardzellenzahl und -lage sowie unterschiedliche Chipflächen und Pinzahlen. Die nun vorgestellten Weiterentwicklungen der Systeme U 5200 und U 1500/20 sind das Gate-Array-System **U 5300** bzw. das Standardzellensystem **U 1600**. Die Entwicklung des Integrationsgrades dieser ASIC-Typen wird durch die Anzahl der Transistoren auf einem Chip verdeutlicht:

U 5200*	12000	U 1500/20	13000
U 5301	40000	U 1600	100000
U 5302	70000		

Beide Systeme enthalten unter anderem Inverter (mit und ohne Treiberverhalten), Grundgatter (wie NAND, NOR, XOR, XAND und kombinatorische Verknüpfungen), Halb- und Volladder, JK- und D-Master-Slave-Flipflops sowie vielfältige Eingangs- und Ausgangsstufen mit und ohne D-Flipflop- oder Schmitttrigger- bzw. Tristate-Verhalten. Die Gatterverzögerungszeit beträgt bei beiden Systemen maximal 1,6 ns. Ein U 1600 erreicht damit eine Taktfrequenz von 25 MHz; seine Ruhestromaufnahme ist kleiner als 400 μA. Die Taktfrequenzen beim U 5300 sind abhängig vom Typ des Masters. Die Master U 5301 und U 5302 können mit 40 bzw. 30 MHz getaktet werden; ihre Ruhestromaufnahme liegt unter 200 μA. Als Entwurfssystem bietet Zeiss für die Gate-Arrays das System Archimedes an (siehe auch Teil 1 unseres LFM-Berichtes sowie MP 6/1989, Seite 168). Für die Standardzellen gibt es das Entwurfssystem ENSIC.

- **Speicherschaltkreise**

Bekanntlich unternimmt das Kombinat Carl Zeiss JENA große Anstrengungen bei der Entwicklung von dynamischen und statischen RAM-Schaltkreisen. Während auf der LFM '88 der 256-KBit-DRAM U 61256 in einer 1,5-μm-CMOS-Technologie Premiere hatte, konnte zur diesjährigen Frühjahrsmesse bereits der 1-MBit-DRAM **U 61000** (siehe Bild rechts oben) in einer 1-μm-CMOS-Technologie vorgestellt werden. Beide Schaltkreise werden zur Standardausrüstung moderner Personalcomputer und Workstations gehören. Der U 61000 wurde mit einem 18poligen DIL-Duroplastgehäuse gezeigt, kann aber auch in einem Keramikgehäuse geliefert werden. Er wird mit Zugriffszeiten von 100 und 120 ns verfügbar sein (U 61256: 80, 100, 120 und 150 ns). Seine Ein- und Ausgänge sind TTL- und CMOS-kompatibel. Er besitzt zur Zeit eine Organisation von 1 M × 1 Bit, und er kann in elf verschiedenen Betriebs- und Refresharten arbeiten. Der U 61000 ist zu internationalen Vergleichstypen wie TC 511000 (Toshiba) und HYB 511000 (Siemens) kompatibel. Im Heft 10/89 werden wir Ihnen diesen Schaltkreis näher vorstellen.

Damit große Speicherarrays möglichst platzsparend aufgebaut werden können, beschritt das Kombinat Keramische Werke Hermsdorf den Weg, sowohl 256-KBit-Chips als auch 1-MBit-Chips auf Keramiksubstrate zu montieren, um so Schaltkreise mit 4 MBit Speicherkapazität verfügbar zu machen. Der **4737** (Bild 15) enthält 16 Chips des Schaltkreises U 61256, die einen Speicher von 256 K × 16 Bit bilden, sowie je einen Keramik-Stützkondensator. Er besitzt ein 34poliges DIL-Gehäuse (Reihenabstand: 37,5 mm; Höhe: 5 mm; Pinraster: 2,5 mm) und wird nur mit einer Zugriffszeit von 150 ns angeboten. Eine andere Ausführung dieses Schaltkreises ist der **4743** mit einer Speicherorganisation von 512 K × 8 Bit. Dagegen ist der Schaltkreis **4742** in einer 25poligen SIL-Bauform (Bild 16) aus vier Chips des 1-MBit-RAMs U 61000 aufgebaut (mit ebenfalls je einem Kondensator). Damit ergibt sich eine Speichergröße von 1 M × 4 Bit.

Speicherschaltkreise waren auch am Stand des Kombinates Mikroelektronik Botevgrad ausgestellt: der 64-KBit-DRAM **SM 8164** (Organisation: 64 K × 1 Bit; Technologie: NMOS; Zugriffszeiten: 150 und 200 ns), der 4-KBit-SRAM **SM 8514** (1 K × 4 Bit; CMOS; 200, 300 und 450 ns) sowie der 64-KBit-EPROM **SM 7764** (8 K × 8 Bit; NMOS; 450 ns).

Software

Für die 8- und 16-Bit-Technik des VEB Kombinat Robotron wurde vom Robotron-Vertrieb Berlin das **P**ortable **OE**konomische Software-**SY**stem **POESY** vorgestellt. Es besteht aus den Komplexen Kostenrechnung, Lohn- und Gehaltsrechnung, Grundmittelrechnung, Investitionsrechnung, Materialrechnung, Leistungsrechnung, Nutzensrechnung und Rechnungsausgang. Alle Elemente dieses Systems können sowohl einzeln als auch kombiniert mit einigen oder allen anderen Bestandteilen eingesetzt werden. Dabei soll eine einfache Handhabung durch eine übersichtliche Programmstruktur, die menügesteuerte Auswahl der Programmteile, Fehlerermittlungen usw. gewährleistet sein. POESY soll ständig weiterentwickelt und vervollkommnet sowie an neue Technik angepaßt werden. Für den 8-Bit-PC 1715 unter dem Betriebssystem SCP, den A 7100 unter SCP 1700 und die 16-Bit-PCs A 7150 und EC 1834 unter DCP wird POESY angeboten; eine Beschleunigung der Arbeit durch eine RAM-Disk bei fehlender Festplatte wird unterstützt.

Der VEB Kombinat Robotron zeigte weiterhin die Einsatzmöglichkeiten des EC 1834 zur Textverarbeitung in arabischer und chinesischer Sprache. Das System **AI-BAYAN** gestattet unter dem Betriebssystem DCP das Editieren, Manipulieren, Gestalten und Ausdrucken von lateinischen und arabischen Schriftzeichen innerhalb eines Textes. Im *arabischen* Editiermodus werden die einzelnen Zeichen wie üblich von rechts nach links auf den Bildschirm geschrieben. Zur Menüführung kann wahlweise zwischen englischer und arabischer Sprache ausgewählt werden. Zahlreiche Funktionen für eine umfassende Textmanipulation und Textgestaltung gehören ebenfalls zum System AL-BAYAN.
Die chinesische Schrifteingabe wird auf PCs mit dem Betriebssystem MS-DOS durch das System **Chi-Easy** möglich (Bild unten rechts). Zur Eingabe der gewünschten Zeichen wird eine besonders codierte Zeichenvorlage benutzt, über die ein Lesestift wie beim normalen Schreiben des Zeichens geführt wird. Für die im Zeichensatz enthaltenen 6763 Zeichen sind jedoch maximal 5 bis 6 Striche erforderlich, da nach jedem neuen Strich 8 der am häufigsten vorkommenden Zeichen, die diese Striche enthalten, angezeigt und dann ausgewählt und auf den Bildschirm geschrieben werden. Nach dem zweiten Strich ist in 85 Prozent der Fälle das Zeichen gefunden. Die Druckausgabe der Texte ist ebenfalls möglich.

Die wissensgestützte Entwicklung problemspezifischer Software mit dem System **X. . .** ermöglicht die Erarbeitung von Programmen in verschiedenen Zielprogrammiersprachen unter Einbeziehung bereits vorhandener Programmbibliotheken. Durch die Modifikation oder den Austausch der eingesetzten Wissensbasis kann das System sehr leicht an unterschiedlichste Aufgabenstellungen angepaßt werden. Dem Softwareentwickler wird ein modernes und effektives Mittel zur computergestützten Softwareentwicklung in die Hand gegeben; es gestattet eine höchst flexible Nutzung der Anwendungssoftware durch den Endnutzer und stellt ein bequemes und leistungsfähiges Werkzeug zur Dokumentation, Wartung und Pflege der Software dar. Mit dem System X. . . kann sowohl der Nutzer im Programmentwicklungsmodus als auch der Programmierer im Editiermodus arbeiten. Zahlreiche Servicefunktionen, wie die grafische Darstellung der Programmstrukturen und die Einblendung verbaler und grafischer Hilfs- und Übersichtsfunktionen in Fenstertechnik, erleichtern die Arbeit. Das System X. . . wurde von der Akademie der Wissenschaften der DDR entwickelt und bisher erfolgreich in den Paketen Xamba (Erzeugung von Programmen für die Mikroskopbildauswertung), Xfortran (Erzeugung von Programmen für die Auswertung von Abbildungen des menschlichen Herzens) und Xdbase als einem intelligenten Datenbank-Interface eingesetzt.

Die Firma ABC-Computer Technik Pöstges, erstmals Aussteller in Leipzig, stellte ihr **ABC-System**, ein Kalkulationssystem für Druckereien vor. Mit diesem System ist es beispielsweise möglich, Kalkulationen für den Druck, den Satz und für Reproduktionen in kürzester Zeit zu ermitteln, die Verwaltung der Stammdaten und statistische Berechnungen vorzunehmen sowie Schriftverkehr (Druck von Angeboten, Auftragsbestätigungen, Lieferscheinen, Rechnungen, Mahnungen usw.) abzuwickeln. Als Basis für die Kalkulation eines Auftrags dient eine arbeitsplatzorientierte Stammdatei, aus der das System nach der Eingabe der technischen Personalkosten und der Gemeinkosten den Stundensatz je Arbeitsplatz berechnet. Weiterhin werden die Kosten für das Fertigungsmaterial eingegeben und daraus der Zeitaufwand für die jeweils erste und jede weitere Einheit ermittelt. Zu den Arbeitsplätzen können zusätzliche Parameter, beispielsweise für die Berechnung von Archivmontagen, angegeben werden. Die Vorkalkulation für den Druck, die kaum länger als 1 . . . 3 Minuten dauert, kann ohne große polygrafische Kenntnisse ausgeführt werden, da das System ausgehend von dem vorhandenen Maschinenpark nach der Angabe einer Maschine weitere vorschlägt, drei Varianten mit unterschiedlichem Nutzen gleichzeitig kalkuliert und dabei Werte für Rohbogen, Montagen, Platten, Drucke und anderes automatisch berücksichtigt und den Nutzen grafisch darstellt. Aus dieser Vorkalkulation kann automatisch ein Angebot erstellt werden, das auf dem Bildschirm noch geändert werden kann. Die ebenfalls integrierte Artikelverwaltung ermöglicht eine exakte Übersicht über die Bestände und Bewegungen im Lager. Mit der Rechnungslegung werden die Bestände aktualisiert. Ebenso ist ein ständiger Überblick über die vorhandenen Papiersorten und über betriebswirtschaftliche Abrechnungen gegeben.

Wie bei vorangegangenen Messen in Leipzig bereits praktiziert, so wurden auch während der Frühjahrsmesse 1989 in der Karl-Marx-Universität Softwarelösungen vorgestellt, die im Rahmen wissenschaftlicher und studentischer Forschungsarbeit entwickelt wurden.

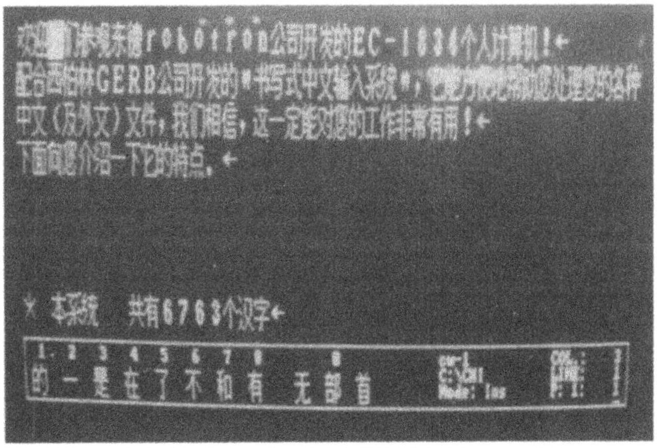

Fotos: Becker, Hemke, Weiß, Werkfoto

Die Sektion Technische Elektronik der Wilhelm-Pieck-Universität Rostock war mit dem Programmiersystem **comForth** vertreten und bietet damit eine portable und interaktive Umgebung zur Entwicklung prozeßorientierter Software in Forth an.
Das System comForth in der Version 2.xx enthält neben dem Basissystem nachladbare Komponenten, wie eine Programmsammlung zu Datentypen, Zahleneingaben usw., headerlose Hilfsdefinitionen für eine modulorientierte Programmierung sowie Bildschirm- und Tastaturanpassungen. Ein Wordstar-kompatibler Editor, Assembler und Debugger werden ebenfalls angeboten, wie auch weitere, spezifische Funktionen des jeweiligen Betriebssystems. Das System comForth wird ab sofort für CP/M (Z 80 und 8086) und MS-DOS (8086) angeboten. Erweiterungen, wie ein Numerikpaket (Fließkomma- und Matrixoperationen), das Multitasksystem für Aufgaben der Prozeßautomatisierung und die Cross-Compiler, sind in der Entwicklung und für einige Prozessoren bereits vorhanden.

Von der Karl-Marx-Universität Leipzig wurde das menügesteuerte Statistikpaket **PSYSTAT** für 16-Bit-PCs unter MS-DOS gezeigt; eine etwas abgerüstete Version des Pakets soll ab September 1989 auch für den A 7100 verfügbar sein. Ohne besondere Vorkenntnisse der Rechentechnik soll eine sofortige Anwendung durch die dialogorientierte Arbeitsweise ermöglicht werden. Umfangreiche Help-Unterstützungen, gezielt mögliche Nutzereingriffe, ständige Informationen über das aktuelle statistische Verfahren und die momentane Operation des Rechners zeichnen das Programm ebenso aus, wie die trotz der Vielfalt der statistischen Verfahren gegebene Erweiterungsmöglichkeit durch nutzereigene Algorithmen und eine grafische Datenpräsentation. Von den möglichen statistischen Verfahren seien hier nur einige erwähnt, wie beispielsweise Varianz, Varianzbreite, Rangplätze, Häufigkeiten, Prozentränge, Histogramme, multiple lineare Regression mit bis zu 50 Einflußgrößen und grafischer Ausgabe von Funktion und Punktwolke sowie mehrere Verfahren zur Faktoranalyse, zur Clusteranalyse und zur Diskriminanzanalyse.

Das von dem Uppsala University Data Center (UDAC) in Schweden entwickelte und in der DDR von der Medizinischen Akademie „Carl Gustav Carus" vertriebene Datenbankbetriebssystem **MIMER** nimmt seine Kraft nicht nur aus dem Namen eines sagenhaften Weisen, sondern unter anderem aus der Anwendung der Standardabfragesprache SQL, die jetzt auch in dBase IV von Ashton-Tate integriert wurde. Besonders zum Verwalten großer Datenmengen ist MIMER durch schnelles Auffinden von Daten (Verwendung von Sekundärindizes) und das Speichern in einer ausgeglichenen Baumstruktur geeignet. Eine dynamische Entwicklung der Datenbanken durch Änderungen und Erweiterungen erfordert keine Änderung vorhandener Anwendungsprogramme, die zudem in den verschiedensten Sprachen (Fortran, Pascal, C, Lisp usw.) geschrieben sein können.

H. Hemke, H.-J. Hill, H. Weiß

Neues von Videoton

Anhand zweier Veranstaltungen machten die ungarischen Videoton-Werke ihre Anwender und potentielle Kunden im Frühjahr dieses Jahres mit dem gegenwärtigen und künftigen Angebot bekannt. Da war zunächst das Videoton-Symposium Ende März in Klingemühle, das Interessierten in bewährter Weise Gelegenheit bot, in Vorträgen, aber vor allem auch in persönlichen Gesprächen mit Verantwortlichen, Einzelheiten zu erfahren. Neben Vorträgen zu Vernetzungsmöglichkeiten und grafischen Anwendungen der Videoton-Computer gab es interessante Ausführungen zur künftigen Entwicklung, die übrigens auch RISC-Systeme beinhalten wird. Ein Schwerpunkt waren die Automatisierungs- und die Steuerungstechnik. Informiert wurde unter anderem über die steuerungstechnischen Systeme MPT (Mini Process Terminal), RPT 90 (Remote Process Terminal), VT 32 C als Steuerungsrechner sowie die Variante VT 32 D als Programmentwicklungssystem für Steuerungsaufgaben. Das verstärkte Engagement Videotons auf diesen Gebieten zeigte sich ja bereits zur Leipziger Messe mit der vorgeführten Robotertechnik. Es wurde bekräftigt während einer Ausstellung, welche die Videoton-Werke Ende April in Berlin veranstalteten, auf der auch das RPT 90 zu sehen war (Bild 1). Das Prozeßterminal besteht aus einem 16/32-Bit-Mikroprozessor, Kommunikationsmodulen und der notwendigen Prozeßperipherie. Die Module entsprechen den Eurocardstandardkarten und können als Racks sowohl in 19-Zoll-Standardgestelle als auch in spezielle Geräteschränke mit Schutzklasse IP 41 montiert werden. Die Kommunikation erfolgt über einen seriellen Bus, der dem Intel-Bitbus entspricht.
Natürlich zeigte die Ausstellung auch Videotons Computerangebot: vom Minirechner R 11 über den VT 320 B, die Vernetzungsmöglichkeiten im Ethernet (anhand VT 32, VT 160 und R 11Y) und im Arcnet (anhand VT 110, VT 160, EC 1834 und VT 180 als Server) unter Novell NetWare bis zu Anwendungen für Konstruktion und Büroautomatisierung.
So etwa das zweidimensionale CAD-System dedataCAD für zahlreiche Einsatzgebiete (Bild 2), dessen extrem hohe Arbeitsgeschwindigkeit sowie der hohe Bedienkomfort besonders hervorgehoben wurden. Auf Lizenzbasis wird von Videoton das Programmpaket Intuitive Solution zur Vereinfachung der Büroarbeit angeboten. Gemeint ist die Verarbeitung von Texten und das Gestalten von Formularen mit einer leicht erlernbaren Bedienoberfläche anhand von Ikonen. Der obere Ausdruck zeigt beispielsweise den Ikonenbestand des Programms, der beliebig erweiterbar ist und selbstverständlich auch deutschsprachige Namen zuläßt. Unten ist das Beispiel für einen Kalkulator in Tabellenform zu sehen.
Mit dem Anschluß von Scanner und Laserdrucker (Bild 3) werden darüber hinaus bereits Merkmale des Desktop Publishing realisiert. *MP-We*

Fotos: Weiß

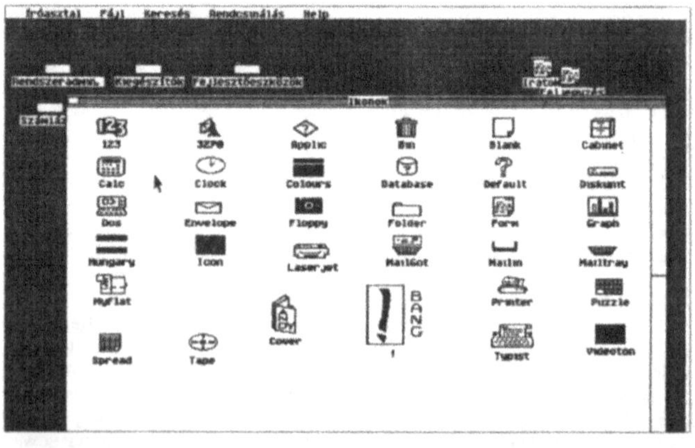

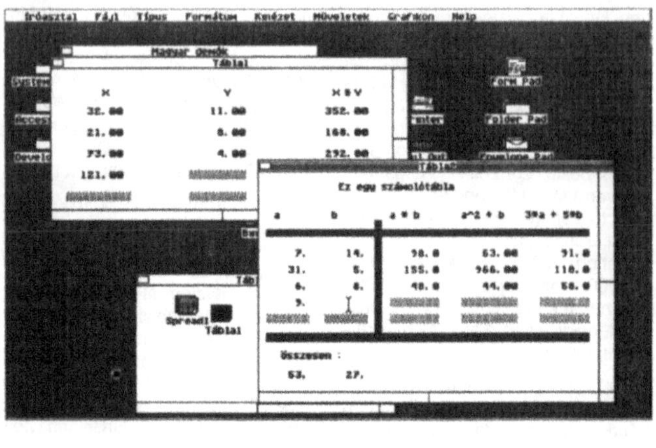

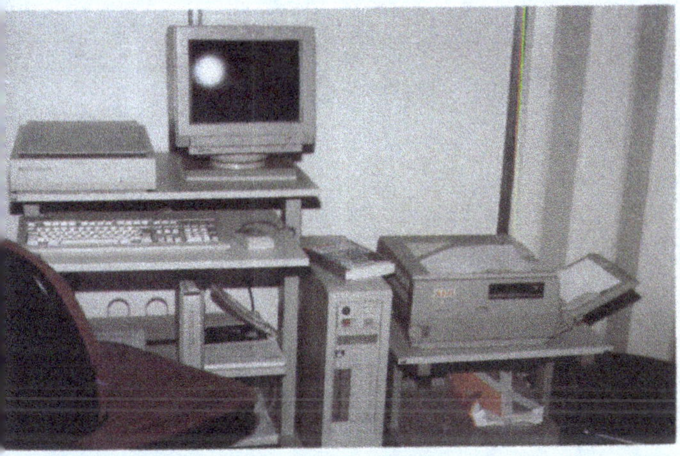

DTP-Arbeitsplatz von Transcommerz

10 Lokales Netz SCOM-LAN

1 Videoton-ARCNET

12 Telexprozessor textMaster 1000

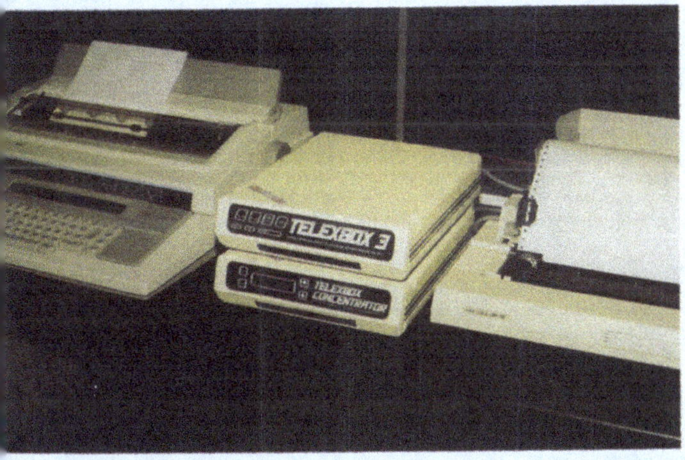

3 Telexmanagementsystem TelexBox 3

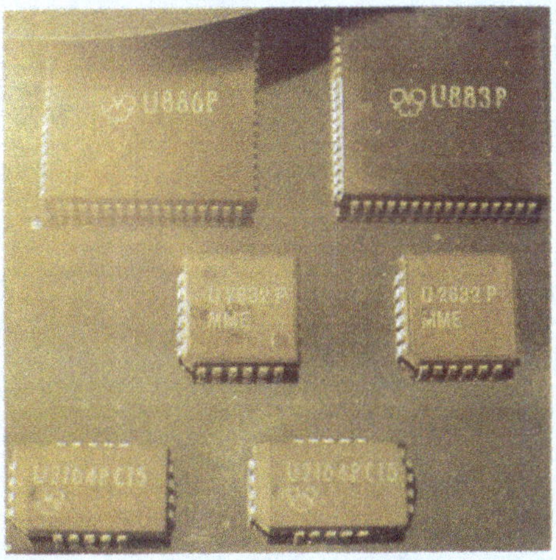

14 Oberflächenmontierbare Schaltkreise

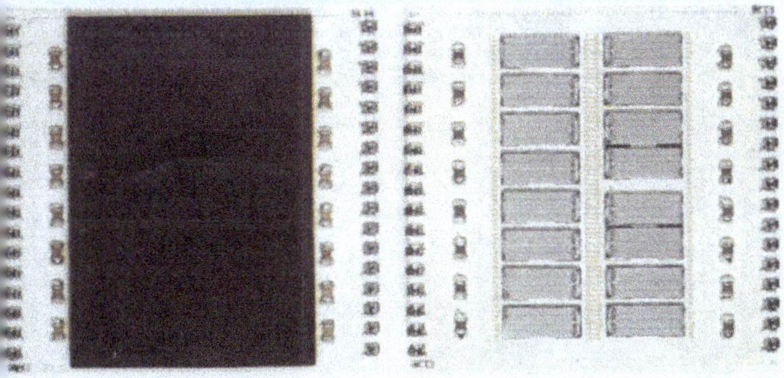

15 Speicherschaltkreis mit sechzehn 256-KBit-Chips

16 Speicherschaltkreis mit vier 1-MBit-Chips

ISSN 0232-2892
Mikroprozessortechnik, Berlin 3 (1989) 8
S. 225–256

Technik international

Die schnellen PCs

„Was du heute kannst besorgen, das verschiebe nicht auf morgen." Diese Spruchweisheit scheint in der Computerbranche seine besondere Berechtigung zu haben. Während wir uns im vergangenen Jahr immer wieder vornahmen, Ihnen, liebe Leser, einen Überblick über die damals neuen „Renner" bei den Personalcomputern (PCs) – mit 25-MHz-Prozessoren – zu liefern, hat uns die Entwicklung inzwischen überholt. Den Reigen der in der westlichen Welt so werbewirksamen 25-MHz-PCs eröffneten Mitte 1988 bekanntlich die Firmen IBM mit dem neuen Modell 70 des PS/2 und Compaq mit dem Deskpro 386/25 (siehe auch MP 9/1988; den 386/25 stellten wir in MP 2/1989 ausführlich vor). Zuvor hatte es allerdings schon Firmen gegeben, die stolz die „25" vorwiesen. Dabei handelte es sich aber um PCs, bei denen man sich die Qualitätsunterschiede in der Chipproduktion zunutze machte. Für 20-MHz-Prozessoren gibt der Hersteller zwar nur die Garantie einer fehlerfreien Funktion bis 20 MHz, aber aufgrund der Streuung in der Produktion können einzelne Exemplare durchaus auch bei höheren Taktfrequenzen fehlerfrei arbeiten. Dem ausgesuchten Prozessor wird nunmehr ein 25-MHz-Taktgeber verpaßt, und schon läßt sich mit der Spitzenfrequenz glänzen.
Auf dem gleichen – allerdings etwas fragwürdigen – Prinzip dürften auch die ersten Meldungen um die Jahreswende über 33-MHz-PCs beruhen, da Intel seinen 33-MHz-80386 erst seit kurzem ausliefert (dieser Beitrag hat selbstverständlich nur die PCs zum Inhalt, die nicht auf Motorola- oder Spezialprozessoren, sondern auf dem 32-Bit-Prozessor Intel 80386 basieren). Zu den Firmen, die nach eigenen Angaben „aufgebohrte" 25-MHz-Prozessoren in ihre 33-MHz-Maschinen einsetzen bzw. einsetzten, zählen beispielsweise CAS mit dem Modell CAS 3C33 und der Hersteller Everex. Dieser Wettlauf um Megahertz und MIPS zeigt, wie hart die PC-Hersteller heute um Spitzenpositionen kämpfen müssen. Dabei sollte auch einmal bedacht werden, daß Geschwindigkeit des Prozessors durchaus nicht mit Leistung des PCs

Megahertz nicht mit Leistung gleichsetzen

gleichgesetzt werden kann. Verfügt der Computer beispielsweise über die normale PC/AT-Architektur und langsame Speicherchips (DRAMs), muß der Prozessor bei Speicherzugriffen oft Leertakte einfügen (die bekannten Wartetakte oder wait states). Von großer Bedeutung ist natürlich auch die Zugriffsgeschwindigkeit der eingesetzten Festplattenlaufwerke. So kann ein PC mit 20-MHz-Prozessor, einer ausgeklügelten Mehrbus-Architektur, großem und schnellem Cache-Speicher und schnellen RAMs also durchaus eine höhere Gesamtleistung besitzen als ein 25-MHz-PC. Nichtsdestoweniger verfügen PCs mit schnellen Mikroprozessoren – und die genannten Nebenbedingungen berücksichtigt – über die besseren Voraussetzungen zur Erfüllung anspruchsvoller Aufgaben.
Nun also zu den neuen „Superschnellen", den 33-MHz-PCs. Als erste Firma, die nach eigenen Angaben den „echten" 33er von Intel verwendet, präsentierte Tandon zur CeBIT '89 das im Bild gezeigte Modell 386/33 unter dem Slogan, damit bis weit in den Bereich der Superminicomputer vorzudringen und dem professionellen Anwender fast schon „Mainframe-Power" auf dem Schreibtisch zu bieten. Der Prozessor läßt sich jedoch mittels Knopfdruck auch auf 8 MHz heruntertakten, um bei Bedarf volle Kompatibilität zur gesamten Standardsoftware der MS-DOS-Welt zu gewährleisten. Auch der Tandon 386/33 verfügt über leistungssteigernde Merkmale, wie sie heute bei Spitzen-PCs zum guten Ton gehören; beispielsweise den intelligenten Befehlsakzelerator, der den ROM-Inhalt beim Systemstart automatisch in den schnelleren Shadow-RAM lädt. Oder einen Cachespeicher, der standardmäßig 64 KByte SRAMs enthält. Die Leistungssteigerung durch Cachespeicher beruht bekanntlich darauf, daß sie als Zusatzspeicher zwischen dem aus dynamischen RAMs bestehenden Hauptspeicher und dem Mikroprozessor nach einem bestimmten Algorithmus „auf Verdacht" mit vermutlich als nächstes benötigten Daten oder Befehlen gefüllt werden und daß sie diese, da aus schnelleren statischen RAM-Bausteinen aufgebaut, der CPU auch schneller zur Abarbeitung bereitstellen können. Nur wenn die Information doch nicht im Cache enthalten ist, muß die CPU auf den Hauptspeicher zugreifen. Die „Trefferrate" liegt heute aber dank ausgeklügelter Algorithmen zumeist bei über 90 Prozent.

Tandon als erster im Ziel

Zur weiteren Leistungssteigerung sind auf der Hauptplatine des 386/33 Sockel für einen 80387- und einen Weitek-Koprozessor enthalten. Beide Koprozessoren können auch simultan arbeiten.
In der Grundausstattung hat der 386/33 einen RAM von 1 MByte, der sich mit 1-MByte-SIMM-Bausteinen auf der Grundplatine bis auf 24 MByte aufrüsten läßt; das heißt, es wird keiner der Erweiterungssteckplätze benötigt (1×8 Bit X-kompatibel, 4×16 Bit AT-kompatibel, 1×32 Bit; der Plattencontroller belegt davon einen 16-Bit-Steckplatz, Bildschirmadapter und Schnittstellenkarte je einen 8- oder 16-Bit-Steckplatz).
Den neuen Tandon gibt es in verschiedenen Ausführungen: Modell 386/33 als reines Diskettensystem ohne Festplattenlaufwerke, Modelle 386/33-90, 386/33-330 und 386/33-660 mit Festplattenkapazitäten von 90, 330 oder 660 MByte (ESDI-Controller). Grundausstattung sind ein 5,25-Zoll-Floppylaufwerk (optional 3,5-Zoll-Floppy) und ein 14-Zoll-Monochrom-Grafikbildschirm mit 720×348 Pixel (optional verschiedene Farbmonitore). Neben MS-DOS 3.3, MS-GW-Basic und Data-Pac-Utilities wird die grafische Benutzerobe[rfläche] MS-Windows/386 standar[d]mäßig mitgeliefert, mit der Multita[s]king- und Netzwerkbetrieb als Serv[er] möglich wird. Die von Tandon entwi[c]kelten Data-Pacs, die „mobilen Fes[t]platten" (wir berichteten in MP 8/198[8] ausführlich darüber), sind selbstve[r]ständlich Bestandteil des neuen S[y]stems.
Auch die Firma Acer zeigte auf d[er] CeBIT '89 im März ihren ersten 3[3-]MHz-PC, den Acer 1100/33 – alle[r]dings nur inoffiziell.

Das Spitzenfeld vergrößert sic[h]

Bereits zur kurz darauf stattfindend[en] Computermesse Comdex in den US[A] war die Schar der Anbieter von 3[3-]MHz-PCs schon auf über ein Dutzen[d] angewachsen. Die Firma Advance[d] Logic Research Inc. (ALR) beispiel[s]weise zeigte ihr neues Modell mit 7 MIPS Leistung als Flexcache 33/38[6] Z für den „Einsteiger" in Deskto[p-] Ausführung und als Tower. Typis[ch] ist die von ALR entwickelte Flex-C[a]che-Dualbusarchitektur mit 32-B[it-] Cachebus (bzw. 64-Bit-Cachebu[s]) und 32 KByte SRAM (bzw. 128 KBy[te] SRAM).
Als weitere Vertreter seien genann[t] AST mit dem Premium 386/33, d[ie] schon erwähnte Firma Acer mit dr[ei] Versionen des Modells 1100/33, d[ie] Firma Everex Systems mit dem St[ep] 386/33, Philips Electronics mit dem 3370 und Zenith mit dem Z-386/33.
Als bemerkenswert sei festgeste[llt,] daß sich zu den Erstanbietern inzw[i]schen auch Firmen zählen könne[n,] die nicht zu den Großen gehören u[nd] im Computergeschäft noch relativ u[n]bekannt sind. Beispielsweise d[ie] österreichische Firma Theuretzb[a]cher & Co., die ihren Power AT-38[6/]33 von der Tochterfirma Future tec[h]nologie in den USA produzieren läß[t].

Bei 33 wird noch nicht gepaß[t]

Der PC in Towerform ist AT-kompa[ti]bel, arbeitet mit 0 Wartetakten, b[e]sitzt einen von 2 auf 16 MByte erwe[i]terbaren Hauptspeicher und ein[en] beachtlichen 128-KByte-Cachesp[ei]cher. Als freie Steckkartenplätze g[ibt] es 2×32-Bit-Slots. Neben 5,25- od[er] 3,5-Zoll-Floppies können Festpla[t]tenlaufwerke zwischen 40 und 6[..] MByte oder Streamer mit bis zu 1[..] MByte genutzt werden. Auch die üb[ri]gen Leistungsmerkmale, wie hoc[h]auflösende Grafikmonitore, Kopr[o]zessor usw., entsprechen durcha[us] dem in der Spitzenklasse gängig[en] Niveau.
Die Anstrengungen der Chiphers[tel]ler zur Geschwindigkeitssteigeru[ng] ihrer Prozessoren haben bei 33 M[Hz] jedoch noch keineswegs ein End[e.] Noch schnellere angekündigte Sp[e]zialprozessoren, aber auch Unive[r]salprozessoren, von Intels Konku[r]renz entwickelt, dürfen vermuten la[s]sen, daß auch beim 80386, aber z[u]mindest beim Nachfolger 8048[6] noch höhere Taktraten zu erwart[en] sind. Womit wir in sicher nicht allz[u] langer Zeit etwas über 45- oder g[ar] 50-MHz-PCs zu berichten hab[en] werden.

MP-V

www.ingramcontent.com/pod-product-compliance
Lightning Source LLC
LaVergne TN
LVHW080752300926
849162LV00008BA/1796